RECETAS DE FIESTA

RECETAS DE FIESTA

Recetas **SUSANA PÉREZ**
Fotografías **JESÚS CEREZO**

web•s frit•s

Grijalbo

Papel certificado por el Forest Stewardship Council®

MIXTO
Papel procedente de
fuentes responsables
FSC® C117695

Penguin
Random House
Grupo Editorial

Edición actualizada y ampliada: octubre de 2021

© 2015, 2021, Susana Pérez, por los textos y las recetas
© 2015, 2021, Jesús Cerezo, por las fotografías de interior y de cubierta
webosfritos.es
© 2015, 2021, Penguin Random House Grupo Editorial, S.A.U.
Travessera de Gràcia, 47-49. 08021 Barcelona

Diseño: Penguin Random House Grupo Editorial / Meritxell Mateu

Thermomix® es una marca registrada del grupo Vorwerk.

Printed in Spain – Impreso en España

ISBN: 978-84-18007-61-3
Depósito legal: B-10.769-2021

Impreso en Gráficas 94 de Hermanos Molina, S. L.
Sant Quirze del Vallès, Barcelona

DO 07613

A ti, lector, que adoras el jaleo que se forma en tu casa cuando recibes a los tuyos

fiesta. (Del lat. *festa,* **pl. de** *festum***).**
Agasajo, caricia u obsequio que se hace [...] como expresión de cariño.

ÍNDICE

PRÓLOGO

Abrir las puertas de tu casa para recibir a tu familia o amigos en días especiales es una de las cosas más agradables que hay, un placer en tiempos en los que muchas veces cedemos a la tentación de organizar el plan fuera de casa para evitarnos el jaleo que se forma en casa del anfitrión.

Pensar en cómo vas a organizar tu casa y tu comida e intentar agradar a tu gente dice mucho de cuánto y cómo los quieres. Alrededor de una mesa y de una buena cocina se ponen en marcha muchas cosas: risas y complicidad con unos buenos amigos o una memoria con mil sabores compartidos en cada reunión año tras año si es tu familia a la que reúnes.

En este libro te propongo un montón de ideas: cómo organizarte con los preparativos; unas cuantas recetas de los tan socorridos aperitivos; unos buenos primeros; segundos con carnes, pescados o mariscos; postres sencillos y deliciosos; y por si tienes familia alojada en casa unos días entre fiesta y fiesta también te ofrezco soluciones para meriendas y desayunos, ya que cuando se termina de cenar parece imposible que al día siguiente se pueda desayunar con verdadero entusiasmo, pero lo cierto es que un rico desayuno desaparece casi antes de ponerlo...

Tampoco he querido pasar por alto, para esos días en los que te juntas con más comensales y se cocina en mayor cantidad, eso que tan bien he aprendido de mi madre a lo largo de los años: hacer del aprovechamiento de las sobras un verdadero arte,

y conseguir superar al plato del que proceden con muy poco esfuerzo.

También se ha puesto muy de moda que para las reuniones festivas cada comensal aporte uno de los platos; espero que las secciones *Aperitivos* y *Postres* te sean especialmente útiles. Muchos encuentros de este tipo acaban siendo estupendos concursos en los que todos se implican y se vota el mejor plato, ¿serás tú el siguiente ganador?

Cada libro es un nuevo y apasionante reto. Quiero que las recetas de estas páginas y las imágenes de mi fotógrafo te acompañen año tras año como fieles ayudantes en tu cocina, haciéndote mucho más sencilla la confección y puesta en escena de lo que tus invitados van a tomar.

Ahora soy yo la que te abro las puertas de mi casa, me quito el delantal y me siento contigo a disfrutar. ¡Gracias una vez más, gracias!

Han pasado seis años desde que escribí este prólogo y en este último año una pandemia ha llenado nuestros días de tristeza y preocupación. Quiero pensar que, cuando tengas este libro en tus manos, tú y tu familia estaréis bien y con el deseo más fuerte que nunca de compartir momentos especiales y cosas ricas para comer. Hoy quiero tener un recuerdo especial para las ausencias que siempre hay en un mesa, pero déjame brindar contigo por la salud y la vida, por ti y por todos.

Octubre de 2021

Nota. Todas las cantidades de este libro están expresadas en gramos. Me parece mucho más cómodo pesar todo en la báscula que medir los líquidos y pesar los sólidos por separado.

PREPARATIVOS

Planifica

Por fácil que vaya a ser tu menú si dedicas un poco de tiempo a planificarlo estarás menos estresado. Compra con antelación los ingredientes no perecederos, los congelados o los que vayas a congelar, y deja para los últimos días lo estrictamente necesario. Así, en cuanto tengas todo comprado podrás elaborarlo con rapidez y seguridad.

Piensa

En los platos que van a componer tu menú, en el presupuesto de que dispones, en si algún invitado tiene alguna peculiaridad o intolerancia en su alimentación. Valora los procesos que puedes tener adelantados, como una buena salsa que acompañará a un carne, o una masa quebrada que puede esperar en el congelador a convertirse en un delicioso pastel salado.

Buenos ingredientes

Busca siempre lo mejor dentro de tu presupuesto, y fíjate que digo ingredientes buenos, que no caros: es preferible una buena patata a un mal pescado.

Mimo

Por sencillo que sea el plato, una mesa preparada con cuidado lo ensalza. No hay que buscar la decoración más cara o incluso no hace falta comprar nada, pero hay que poner nuestras mejores galas, sean las que sean. Luego hay que lavar y planchar, pero eso será después. ¡No se te olvide comprobar un par de días antes el estado de tu menaje!

Los experimentos, con gaseosa

¡Y en otras fechas, claro! No es aconsejable en ocasiones especiales como estas preparar platos que no hayas probado a hacer antes. Suele pasar que llegue el fracaso en un detalle tonto, no tengas capacidad de respuesta y haya que salir a la mesa con el pánico del "he metido la pata".

Dosifícate

Este punto es muy importante: si para cuando llegan todos tus invitados ya estás cansadísimo, no disfrutarás igual. Por complicado que sea un plato, no es más que una puesta en escena. Si entrenas con anterioridad no habrá plato que se te resista.

Confianza

Con todo lo anterior, más confianza, temple y cierta dosis de valentía por si hay que corregir sobre la marcha algún aspecto de la receta, puedes triunfar en la cocina. Nadie tiene mejores manos que nadie: todos podemos hacer cosas ricas con un nivel de dificultad medio.

Elige tu mesa

MESA CLÁSICA

- Planifica un poco tu espacio. Cada comensal ocupa unos 60 cm en la mesa. Estos son números ideales, porque si la compañía es estupenda no pasa nada por estar un poco apretados.

- Pon un muletón debajo del mantel: le dará prestancia a tu mesa.

- El mantel debe colgar por cada lado unos 40 cm aproximadamente.

- Coloca la servilleta a la izquierda del plato, nunca dentro de la copa.

- Los tenedores se ponen a la izquierda, y los cuchillos —con el filo hacia dentro— y las cucharas, a la derecha. Si hay utensilios especiales se colocan a la derecha, y puestos de fuera hacia dentro en el orden en que hayan de ser utilizados.

- Los cubiertos de postre se colocan delante del plato con los mangos orientados a la mano con la que se deban coger.

- Coloca la cristalería detrás del plato, ligeramente hacia la derecha, y en este orden: a la derecha de todo la copa de vino blanco, a continuación la de vino tinto y por último la de agua.

- Sirve el agua en jarra y busca una mesa auxiliar para dejar el vino.

MESA MODERNA

- Decántate por lo sencillo. Ya sabes que *menos es más*.

- No uses muchos elementos que recarguen el espacio. Utiliza platos y cubertería de líneas sencillas.

- Cuida la decoración de la mesa para que no se convierta en un estorbo a la hora de servir la comida o para que hablen los comensales.

- Si colocas un centro de mesa es preferible que no sobrepase los 20 cm de altura para no obstaculizar la visión de la persona que tenemos delante. Puedes poner piezas más altas y retirarlas justo antes de sentarse a la mesa.

- Cuida también la iluminación: ni muy fuerte, que pueda llegar a molestar; ni que dé la sensación de estar en penumbra.

- Si usas velas, que sean inodoras. Si tu centro de mesa lleva flores no elijas variedades de olores intensos.

MESA INFORMAL

- Es la hora de poner toda tu creatividad en marcha: recuerda que cualquier detalle cuenta.

- Puedes usar un mantel de colores, o manteles individuales al gusto.

- La vajilla puede ser estampada o de colores divertidos.

- Puedes usar servilletas de papel: ahora las puedes encontrar con unos estampados preciosos. También puedes preparar tú las servilletas con algún detalle que te agrade.

- Puedes incluir en el centro de la mesa la sal, las vinagreras y una panera con diferentes panes para que cada comensal escoja el que más le guste. Olvídate del protocolo y ¡disfruta!

MESA BUFFET

- Procura colocar la mesa de modo que sea de fácil acceso para tus invitados.

- Si no tienes una mesa lo suficientemente larga, usa un tablero con borriquetas para agrandar la tuya, te puede sacar del apuro.

- Coloca platos, cubiertos y servilletas en la parte izquierda de la mesa.

- Organiza la comida en torno a un plato principal frío y otro caliente, con dos guarniciones cada uno. Prepara además platos complementarios, como ensaladas, por ejemplo, que deberán estar ya aliñadas.

- Lo mejor es que pienses recetas que no necesiten el uso del cuchillo, sin huesos y sin espinas, ya que habrá personas que no se puedan sentar, y les resultará mucho más cómodo.

- Es mejor presentar postres variados, y mejor en vasitos o en porciones ya cortadas. No dejes de incluir algo de fruta.

¡Me encanta esta manera de organizar una fiesta! Me parece muy relajado para los invitados, e incluso para el anfitrión.

SAVE
WATER
DRINK
WINE

Masas

MASA
quebrada

PREPARACIÓN

1 Pon la harina en la encimera de trabajo y haz un volcán. Echa en él la mantequilla, el huevo sin batir y la sal. Mezcla.

2 Añade las dos cucharadas de agua helada y amasa los ingredientes. La masa unirá poco a poco. No debes amasar demasiado: solo hasta conseguir una textura firme y homogénea.

3 Forma una bola un poco aplastada. Envuélvela en plástico transparente y métela en el frigorífico durante una hora como mínimo.

INGREDIENTES PARA UNA TARTA GRANDE O 6 TARTALETAS PEQUEÑAS

250 g de harina de repostería

125 g de mantequilla ablandada cortada en daditos

1 huevo mediano

5 g de sal

2 cucharadas de agua helada

CONSEJOS

- Esta masa aguanta preparada en el frigorífico 1 semana, y congelada, 3 meses.

- Si quieres hacer una base quebrada con queso puedes sustituir 50 gramos de harina por 50 gramos de queso parmesano rallado. Si la quieres con una textura más delicada cambia 50 gramos de harina por otro tanto de almendra molida.

- El tiempo de horneado es el que te especifico en cada receta.

HOJALDRE
rápido

PREPARACIÓN

1 Pon la harina y la sal en un cuenco y echa los trozos de mantequilla congelada por encima. Añade el agua —o el agua y el vino— y mezcla con una espátula o una rasqueta. No amases mucho la masa.

2 Haz una bola aplanada. Realiza unos cortes en forma de rejilla en la superficie. Envuelve en plástico transparente y mete en el frigorífico durante 1 hora.

3 Saca del frigorífico, quita el plástico y pon la masa sobre la encimera espolvoreada con un poco de harina.

4 Estira con el rodillo hasta formar un rectángulo de 1 cm de espesor (*Paso 1*). Dobla en tres partes. Primero un tercio (*Paso 2*), y luego el otro (*Paso 3*). Luego gíralo 90° en el sentido de las agujas del reloj (*Paso 4*). Ya tienes la primera vuelta.

5 Repite el proceso extendiendo otra vez la masa hasta formar un rectángulo y haciendo los dobleces. Es la segunda vuelta.

6 Mete en el frigorífico envuelta en plástico transparente durante media hora.

7 Repite una vez más el proceso, para completar la tercera y la cuarta vueltas. Mete en el frigorífico otra vez de veinte minutos a media hora.

8 Repite el proceso una última vez para conseguir la quinta y la sexta vueltas. Solo te queda meterla de nuevo en el frigorífico durante 1 hora para que esté lista para usar.

INGREDIENTES

200 g de harina de repostería

5 g de sal

200 g de mantequilla congelada en trozos pequeños

90 g de agua helada (o 40 g de agua y 50 g de vino blanco muy frío)

Paso 1

Paso 2

Paso 3

Paso 4

CONSEJO

Puedes congelar la masa y así tenerla lista para cuando la vayas a usar.

MASA
choux

PREPARACIÓN

1 Pon la leche, el agua, la sal y la mantequilla en trozos en un cazo a calentar al fuego.

2 Tamiza la harina y bate ligeramente los huevos. Reserva.

3 Cuando hiervan los líquidos —2 o 3 segundos con burbujas grandes— retira el cazo del fuego y echa de golpe la harina. Mezcla con una espátula flexible. Una vez mezclado, vuelve a ponerlo a fuego medio, y remueve unos minutos hasta que se forme una pequeña "costra" en el fondo de la cacerola.

4 Pasa la masa a un cuenco. A los 5 minutos ve echando poco a poco los huevos batidos y mezcla bien con una espátula. No eches más huevo batido hasta que no esté bien absorbida la cantidad anterior.

INGREDIENTES PARA 350 G DE MASA

65 g de leche entera

65 g de agua

2 g de sal fina

65 g de mantequilla a
 temperatura ambiente

70 g de harina de repostería

2 huevos medianos

CONSEJOS

- Es muy importante la consistencia de la masa. Al final del proceso tienes que obtener una masa lisa que se quede unos segundos en la espátula antes de caer.

- Cuando hornees esta masa en forma de profiteroles o de *chouquettes* conseguirás mejores resultados si usas una bandeja antiadherente y no pones papel de hornear.

Aperitivos

PATÉ
de bonito

INGREDIENTES

175 g de bonito en aceite

50 g de anchoas de buena
calidad

15 g de cebolla tierna

75 g de sardinillas en aceite

1 cucharada de queso crema

1 cucharada no muy llena
de jerez seco (opcional)

PREPARACIÓN

1 Deja las anchoas en un cuenco con agua muy fría durante unos minutos. Escúrrelas y extiéndelas sobre un papel de cocina para quitarles el agua sobrante.

2 Escurre el bonito en aceite poniéndolo en un colador un rato antes.

3 Pon el trozo de cebolla en el vaso de la batidora.

4 Quítales la raspa central a las sardinillas. Ponlas en el vaso de la batidora.

5 Incorpora el bonito y las anchoas junto con el queso crema y el jerez al resto de los ingredientes. Bate unos minutos.

6 Coge un aro de emplatar y úntalo por dentro con una pizca de aceite de oliva virgen extra. Apóyalo en la bandeja de presentación y rellena con el paté. Quita el aro de emplatar justo antes de servir. Puedes acompañarlo con unas tostadas para poderlo untar.

CONSEJO

Este paté admite un montón de variaciones, todas ellas deliciosas. Ve cambiando ingredientes, quita las anchoas y pon unos mejillones al natural, o cambia las sardinillas en aceite por unas con tomate... ¡Verás qué punto más rico tienen!

MINICONOS DE PATÉ
de falso centollo

PREPARACIÓN

1 Pon las anchoas en un recipiente con agua fría durante 30 minutos. Sácalas y déjalas escurrir en un colador. Sécalas con un papel de cocina.

2 Pon las anchoas, los mejillones escurridos, 11 palitos de cangrejo y el trocito de cebolla en un vaso de batidora. Tritura hasta conseguir una textura espesa.

3 Añade el fino y un par de cucharadas de mayonesa. Vuelve a batir hasta que esté todo bien integrado.

4 Pica 4 palitos de cangrejo en trozos muy pequeños con un cuchillo afilado. Añádeselos a la mezcla y remueve. Prueba el paté por si tienes que rectificar algo.

PRESENTACIÓN

1 Mete el paté en una manga pastelera con boquilla rizada y déjalo en el frigorífico durante un mínimo de 2 horas.

2 Rellena los miniconos justo antes de servirlos.

3 Adorna con sucedáneos de caviar de diferentes colores.

INGREDIENTES PARA 12 MINICONOS

1 lata de anchoas en aceite con poca sal
1 lata de mejillones al natural
15 palitos de cangrejo
¼ de cebolla dulce pequeña
2 cucharadas de vino fino seco
2 cucharadas de mayonesa

Para la presentación

miniconos de espinacas, tomate y carbón vegetal
diferentes tipos de sucedáneos de caviar

Necesitas una manga pastelera y una boquilla mediana rizada

CONSEJO

Estos miniconos se venden en época de Navidad en grandes supermercados. Si no los encuentras, puedes emplear pequeñas tartaletas de bocado, que son más fáciles de encontrar durante todo el año.

CONSEJO ....
Puedes tener los profiteroles congelados sin rellenar. Así el día de tu fiesta los descongelas y los rellenas con tus cremas o patés favoritos.
....

PROFITEROLES DE SALMÓN
ahumado y queso

PREPARACIÓN

El relleno de salmón ahumado

1 Tritura todos los ingredientes con una batidora.

2 Pon esta pasta en una manga pastelera con boquilla rizada mediana. Guárdala en el frigorífico durante dos horas antes de usarla.

El relleno de queso

1 Quita la corteza a los quesos, trocéalos y métalos en un vaso de batidora.

2 Añade el queso cremoso y la leche evaporada, y tritura.

3 Mete el contenido en otra manga pastelera con boquilla rizada mediana. Guárdala también en el frigorífico durante dos horas antes de usarla.

Los profiteroles

1 Precalienta el horno a 180 °C, con aire y con calor arriba y abajo.

2 Haz la masa *choux* siguiendo las indicaciones de la página 29. Déjala reposar hasta que se temple.

3 Pon la masa en una manga pastelera con boquilla lisa del n.º 8. Ve formando pequeñas bolas de masa de unos 3 cm de diámetro, directamente sobre una bandeja antiadherente sin papel de hornear, y disponiéndolas alternadas en las filas, de manera que la bola de cada fila se corresponda con un hueco de la anterior y viceversa. Así el aire circulará mejor entre ellas.

4 Casca el huevo y bátelo enérgicamente. Pincela delicadamente la parte superior de cada profiterol.

5 Hornea durante 20 o 25 minutos aproximadamente, hasta que queden ligeramente dorados. Déjalos enfriar.

6 Ábrelos, sin llegar al final, con un cuchillo de sierra. Rellena los profiteroles con las cremas de salmón y de queso justo antes de servir para que no se ablanden.

INGREDIENTES PARA 16 UNIDADES

250 g de masa *choux*
  (ver página 29)
1 huevo

Para el relleno de salmón ahumado

150 g de salmón ahumado
  (ver página 81)
100 g de queso cremoso tipo
  Philadelphia®
¼ de cebolleta fresca

Para el relleno de queso

75 g de queso manchego
50 g de queso azul
100 g de queso cremoso tipo
  Philadelphia®
50 g de leche evaporada

Necesitas una manga pastelera, una boquilla lisa del n.º 8, una boquilla rizada mediana y un pincel

DIP DE MEJILLONES
con crudités

INGREDIENTES

1 lata de mejillones en escabeche

¼ de cebolla dulce o cebolleta fresca

150 g de queso cremoso tipo Philadelphia®

1 cucharada del escabeche de los mejillones

Para acompañar

unas minihortalizas tiernas

PREPARACIÓN

1 Pon los ingredientes en el vaso de la batidora. Tritúralos hasta conseguir una pasta homogénea.

2 Pon el *dip* en unos vasitos de presentación con la ayuda de una cuchara sopera.

3 Sirve acompañado con las *crudités*.

CONSEJOS

• Si no encuentras minihortalizas como las que ves en la foto puedes cortar las hortalizas o verduras en finos bastoncillos. Antes de servirlos mantenlos unos minutos en agua con hielo. Escúrrelos bien, sécalos con papel absorbente y sirve: estarán supercrujientes.

• En estas recetas tan sencillas la calidad de los ingredientes es lo más importante.

• Para una presentación más perfecta puedes servir el *dip* en los vasitos con una manga pastelera con boquilla redonda mediana.

GALLETAS DE ACEITUNAS
negras y queso

PREPARACIÓN

1 Precalienta el horno a 130 °C, calor arriba y abajo.

2 Escurre las aceitunas y sécalas con papel absorbente. Hornea durante 2 horas aproximadamente o hasta que las aceitunas estén completamente secas. Déjalas enfriar.

3 Tritúralas con la ayuda de un robot hasta conseguir un polvo fino.

4 Mezcla el polvo de aceitunas con la harina y la pizca de sal. Haz un volcán en la encimera con esta mezcla. Mete el huevo y la mantequilla dentro del volcán. Mezcla lo justo para que todo se integre.

5 Haz una bola aplanada. Deja enfriar en el frigorífico durante media hora.

6 Precalienta de nuevo el horno a 170 °C, calor arriba y abajo.

7 Coge pequeños trozos de masa, ponlos en los huecos del molde y compacta la masa para que se marque bien la forma de la galleta. Aplana la superficie. Mete el molde en el frigorífico durante 10 minutos.

8 Hornea a 170 °C durante 12 minutos aproximadamente. Deja enfriar y en cuanto puedas manipular el molde, desmolda las galletas y déjalas reposar sobre una rejilla.

El relleno

1 Mezcla los quesos. Pon esta mezcla entre dos plásticos transparentes y extiéndela con un rodillo hasta conseguir un espesor de unos 3 mm. Métela en el congelador durante 15 minutos.

2 Saca del congelador y corta porciones del relleno con un cortapastas redondo. Coloca cada porción entre dos galletas.

CONSEJOS ....

• Prepara el polvo de aceitunas con anterioridad. Así te resultará más rápido hacer las galletas.

• Me encanta añadir unas buenas anchoas a la crema de quesos, ¡es un bocado superior!

• Si no tienes molde de galletas puedes hacerlas igualmente estirando la masa con un rodillo y cortando las galletas con un cortapastas redondo pequeño.

....

INGREDIENTES PARA
44 PIEZAS (22 GALLETAS)

300 g de aceitunas negras sin hueso (100 g ya secas)
100 g de harina de repostería
sal
1 huevo mediano
90 g de mantequilla a temperatura ambiente

Para el relleno

100 g de queso cremoso tipo Philadelphia®
100 g de queso rallado parmesano

Necesitas un molde con dibujo para hacer las galletas y un cortapastas redondo del tamaño de la galleta

MOUSSE DE PATATA
con chipirones en su tinta

INGREDIENTES PARA 6 PERSONAS

Para los chipirones en su tinta

2 cucharadas de aceite de oliva virgen extra
1 diente de ajo
1 cebolla grande
1 pimiento verde
1 tomate grande maduro
una pizca de sal
una pizca de pimienta molida
½ cucharada de azúcar
500 g de chipirones pequeños
40 g de brandi
3 sobres de tinta de calamar
250 g de *fumet* de pescado

Para la crema de pimientos

300 g de pimientos del piquillo asados

Para la mousse de patata

3 patatas grandes
sal y pimienta
1 yema de huevo
50 g de mantequilla
3 cucharadas de leche
200 g de nata

Para adornar

sucedáneos de caviar de diferentes colores

Necesitas una manga pastelera con boquilla redonda grande lisa

PREPARACIÓN

Los chipirones en su tinta

1 Corta el ajo, la cebolla y el pimiento en dados pequeños. Pela el tomate y córtalo de igual forma. Reserva.

2 Pon el aceite en una sartén y al fuego. Cuando esté caliente, fríe el ajo y la cebolla a fuego medio. Cuando estén a medio hacer, añade el pimiento, y a los 5 minutos incorpora el tomate. Echa una pizca de sal y pimienta y la media cucharada de azúcar.

3 Mientras, limpia y lava los chipirones. Sécalos con papel absorbente, echa una pizca de sal y reserva.

4 Cuando la salsa haya reducido, añade el brandi y pásala por la batidora. Cuélala y ponla en un cazo. Disuelve la tinta en el *fumet* e incorpora a la salsa. Remueve.

5 Añade los chipirones y deja cocer durante unos 15 minutos hasta que estén tiernos. Prueba de sal y reserva.

La crema de pimientos

1 Pon los pimientos escurridos en un vaso de batidora. Tritura hasta obtener una crema. Añade unas gotas de aceite de oliva virgen extra, remueve y reserva.

La mousse de patata

1 Cuece la patata con un poco de sal. Escúrrela, ponla en un cuenco y aplástala con un tenedor.

2 Añade una pizca de pimienta, la yema, la mantequilla y la leche. Tritura con una batidora durante 2 minutos.

3 Monta la nata e incorpórala a la crema de patata con movimientos envolventes con la ayuda de una espátula.

MONTAJE

1 Prepara las copas que vayas a usar. Pon una primera capa de crema de pimientos, luego añade la mousse de patata templada con la ayuda de la manga pastelera y finalmente pon un chipirón templado por copa.

2 Adorna con sucedáneos de caviar. Sirve de inmediato.

CONSEJO ....
Puedes congelar los chipirones
que te sobren: te servirán para
la comida de otro día acompaña-
dos con un sencillo arroz blanco.
....

PETIT FOURS
salados

unas minitartaletas de masa
  quebrada (ya horneadas)
los rellenos

**Para el relleno de crema
con espárragos**

½ cucharadita de aceite de oliva
  virgen extra
1 manojo de espárragos verdes
unas escamas de sal
50 g de queso cremoso tipo
  Philadelphia®

**Para el relleno de morcilla
y manzana**

1 manzana reineta
1 cucharada de mantequilla
1 cucharada de azúcar
1 morcilla
unas gotas de aceite de oliva
  virgen extra

Necesitas una manga pastelera
con boquilla rizada mediana

PREPARACIÓN

El relleno de crema con espárragos

1 Pon a calentar el aceite de oliva virgen extra en una sartén.

2 Corta las puntas de los espárragos y fríelas durante unos minutos. El tiempo dependerá del calibre de los mismos. Tienen que quedar hechas pero con una textura un poco *al dente*. Añade unas escamas de sal.

3 Mete el queso Philadelphia® en una manga pastelera con una boquilla rizada mediana. Rellena las tartaletas.

4 Decora con las puntas de los espárragos.

El relleno de morcilla y manzana

1 Pela la manzana y córtala en dados pequeños.

2 Pon la mantequilla en una sartén, añade la manzana, espolvorea con azúcar y mantén al fuego durante 2 minutos. Reserva.

3 Quítale la piel a la morcilla y pásala por una sartén con unas gotas de aceite de oliva virgen extra. Mantenla templada hasta servir.

4 Sirve la morcilla y coloca la manzana por encima.

CONSEJOS

- Si no tienes prisa, puedes hacer tu propia masa quebrada para los *petit fours* salados con la masa quebrada de la página 25 y los moldes que venden al efecto para conseguir pequeñas tartaletas de diferentes formas. Pincha la masa y hornea a 180 °C calor arriba y abajo hasta que esté crujiente.

- Puedes emplear los tallos de los espárragos para hacer una crema de espárragos y zanahoria (ver página 65).

CROQUETAS
de jamón ibérico

PREPARACIÓN

1 Trocea el jamón a cuchillo en dados muy pequeños. Pica la cebolla muy fina.

2 Pon el aceite y la mantequilla en una sartén. Cuando estén calientes añade la cebolla y póchala. Agrega la harina y remueve con unas varillas hasta que se dore ligeramente.

3 Sin dejar de remover con las varillas añade poco a poco la leche templada, y una pizca de sal —con sumo cuidado, porque el jamón ya aporta la suya—. Añade el jamón. Trabaja la masa a fuego suave durante al menos 10 o 15 minutos. Cuando empiece a hervir, retira del fuego.

4 Echa la masa en un recipiente en el que no quede demasiado extendida y deja enfriar, mejor de un día para otro. Tápala con plástico transparente tocando la masa.

5 Coge porciones de la masa con una cuchara y dales forma con la ayuda de un poco de pan rallado. Cuando ya las tengas formadas, pásalas por huevo bien batido y pan rallado de nuevo.

6 Fríe en abundante aceite caliente, con cuidado de que se hagan por dentro sin quemarse por fuera. Déjalas escurrir en un colador y pásalas a un papel absorbente antes de servir.

INGREDIENTES PARA 50 CROQUETAS

250 g de jamón ibérico en un trozo
30 g de cebolla
50 g de aceite de oliva virgen extra
50 g de mantequilla
170 g de harina
800 g de leche entera
sal
pan rallado
huevo para rebozar
aceite de oliva virgen extra para freír

CONSEJO

Puedes congelarlas una vez rebozadas, y así tenerlas listas nada más que para freírlas justo antes de servir.

NAPOLITANAS
de sobrasada y queso

PREPARACIÓN

1 Haz una plancha de hojaldre rápido siguiendo las instrucciones de la página 27.

2 Divide la plancha en 8 rectángulos con un cuchillo afilado.

3 Pon un trozo de sobrasada y encima otro trozo de queso en el tercio central de cada rectángulo de hojaldre. Cierra doblando los dos tercios extremos sobre el central. Pon las napolitanas boca abajo y sella la zona del cierre presionando un poco. Deposítalas sobre una bandeja de horno cubierta con un papel de hornear.

4 Precalienta el horno a 220 °C, calor arriba y abajo.

5 Bate un huevo. Pincela las napolitanas. Déjalas reposar 10 minutos. Pincela de nuevo otra capa de huevo batido. Añade unos piñones a cada napolitana.

6 Hornea a 220 °C durante 10 minutos. Baja la temperatura del horno a 200 °C y hornea de 5 a 8 minutos más hasta que estén doradas.

7 Sácalas del horno. Sírvelas templadas.

INGREDIENTES PARA
8 PIEZAS

1 plancha de hojaldre rápido
  (ver página 27)
100 g de sobrasada de Mallorca
100 g de queso al gusto
1 huevo
unos piñones

CONSEJOS

• Puedes hacer una versión exprés comprando el hojaldre hecho.

• Estas napolitanas son muy versátiles, ya que admiten un montón de rellenos diferentes.

MINIHAMBURGUESAS

INGREDIENTES

Para 15 minipanecillos

5 g de levadura fresca de
    panadero
75 g de leche entera
50 g de agua tibia
1 huevo mediano
10 g de aceite de oliva virgen
    extra
5 g de sal
250 g de harina de fuerza
10 g de azúcar

Para 15 minihamburguesas

½ kg de carne de ternera
100 g de papada de cerdo (la
    puedes sustituir por panceta
    fresca)
1 cucharadita rasa de sal y un
    poco de pimienta molida
1 diente de ajo mediano
un poco de perejil
2 cucharadas de leche entera

Para decorar

semillas de lino marrón,
    amapola, avena pelada y
    girasol
agua

Necesitas un aro de emplatar
de 3 cm de diámetro

PREPARACIÓN

Los minipanecillos

1 Desmenuza la levadura en un poco de leche templada.

2 Mezcla la leche restante, el agua, el huevo, el aceite y la sal en un cuenco aparte.

3 Haz un volcán con la harina y el azúcar en otro cuenco. Vierte en el centro los ingredientes que has preparado aparte. Mezcla y amasa unos minutos. Saca la masa, forma una bola, colócala en un cuenco y cúbrela con un plástico transparente untado con aceite. Deja levar durante una hora y media o hasta que doble el volumen.

4 Corta porciones de masa de 30 gramos. Da forma de bola a cada pieza. Pon un par de cucharadas de semillas en un tazón hondo. Pincela con agua la parte bonita de la bola y ponla en contacto con las semillas, que se quedarán adheridas. Deja levar hasta que doblen su volumen, durante una media hora.

5 Precalienta el horno a 220 ℃, calor arriba y abajo, y hornea los panecillos unos 15 minutos a 200 ℃.

Las minihamburguesas

1 Pide a tu carnicero que te pique la carne con la papada en el momento.

2 Salpimienta la carne. Machaca el diente de ajo y el perejil en el mortero. Añade un poco de leche. Pon en un cuenco la carne. Añade el contenido del mortero y mezcla. Deja reposar durante 20 minutos.

3 Corta unos círculos de papel de hornear de tamaño ligeramente superior al de las hamburguesas. Coloca el aro de emplatar sobre un trozo de papel, y pon dentro unos 25 g de carne. Aplánala un poco con una cuchara.

4 Pon una plancha o sartén a fuego fuerte. Echa unas gotas de aceite de oliva virgen extra y fríe la carne, ayudándote del papel de hornear para volcarlas sobre la sartén.

MONTAJE

1 Monta tus minihamburguesas al gusto. Yo las acompaño de lechuga, cebolla, beicon, queso, tomate cherry y kétchup.

CONSEJO ....

Puedes hacer las minihamburguesas con pescado —salmón,
por ejemplo— y añadir a tus
panecillos tinta de calamar. El
resultado, además de rico, esté-
ticamente es muy llamativo.
....

Primeros

CONSOMÉ
al jerez

INGREDIENTES PARA 4 PERSONAS

Para preparar el caldo

¼ de gallina
250 g de morcillo de ternera
1 hueso de rodilla de ternera
150 g de jamón en un trozo
1 puerro
150 g de judías verdes
1 zanahoria
1 patata
2 litros de agua
sal

Para terminar

4 rebanadas de pan del día
  anterior
100 g de aceite de oliva virgen
  extra
100 g de vino fino de jerez
unas hebras de azafrán
  (opcional)

PREPARACIÓN

1 Prepara un caldo casero poniendo todos los ingredientes en una olla exprés con abundante agua fría. Empieza cociendo a fuego medio con la olla abierta. Cuando empiece a generar una espuma con las impurezas, retírala con una espumadera. Cierra la olla, y mantén cociendo a fuego medio unos 15 minutos.

2 Quita la olla y espera a que baje la válvula de presión. Una vez abierta, pon a cocer a fuego medio por lo menos durante 20 minutos más.

3 Retira del fuego, cuela el caldo y deja enfriar. Quita con una espumadera la capa de grasa que te ha quedado en la parte de arriba.

4 Corta el pan en pequeños dados. Fríelos en abundante aceite de oliva virgen extra. Escurre en un papel absorbente de cocina.

5 Pon el caldo al fuego y añade el jerez y las hebras de azafrán. Deja cocer 5 minutos.

6 Agrega los picatostes justo antes de servir el consomé.

CONSEJOS

• Puedes congelar el caldo sin problemas, y así tenerlo listo para añadir en el último momento el jerez, el azafrán y los picatostes.

• Puedes hacer unas croquetas estupendas con la carne y el jamón de hacer el caldo: tienes la receta en la página 47. ¡Ah!, y puedes tomar las verduras para cenar servidas simplemente con un chorrito de aceite de oliva virgen extra.

SOPA
de pescado

PREPARACIÓN

El *fumet*

1 Toma una cazuela hermosa y pon en ella el agua, la sal, el laurel, la parte verde del puerro bien lavado, las espinas de la pescadilla, los huesos de rape y las cáscaras de las gambas sin las cabezas, que desechamos. Cuando empiece a hervir, quita la espuma con una espumadera y déjalo a fuego medio unos 20 minutos. Cuélalo en otra cacerola.

La sopa de pescado

1 Echa la parte blanca del puerro, la media cebolla, el medio diente de ajo y el tomate en un vaso de batidora y tritúralo todo.

2 Pon el aceite de oliva virgen extra en una sartén. Cuando el aceite esté caliente retírala del fuego, vierte el contenido del vaso de la batidora, pon una tapa, y deja unos 5 minutos a fuego medio-bajo, removiendo de vez en cuando.

3 Pon el *fumet* al fuego. Cuando vuelva a hervir incorpora el rape y la pescadilla limpios y cortados en dados al gusto. Deja cocer 3 minutos.

4 Añade las hebras de azafrán.

5 Añade el sofrito al caldo, incorpora los fideos y deja que cuezan unos 2 minutos. Al final de la cocción, apaga el fuego y añade las gambas. Sirve inmediatamente.

INGREDIENTES PARA 4-6 PERSONAS

Para el *fumet* de pescado

1,8 kg de agua
sal
laurel
1 puerro (solo la parte verde)
las espinas de la pescadilla
unos huesos de rape
las cáscaras de 150 g de gambas

Para la sopa de pescado

el *fumet* que hemos hecho antes
200 g de rape limpio
150 g de pescadilla limpia
1 puerro (solo la parte blanca)
½ cebolla mediana
½ diente de ajo
1 tomate maduro
2 cucharadas de aceite de oliva virgen extra
6 hebras de azafrán
100 g de fideos finos
los cuerpos de las gambas

CONSEJOS

• Cuando hagas el *fumet* vigila los huesos de rape por si puedes aprovechar algo de la carne que siempre tienen.

• De vez en cuando le pongo un *chorrete* de brandi al sofrito y queda de cine.

SOPA DE CEBOLLA
al cava

PREPARACIÓN

1 Pon los ingredientes del caldo de pollo en una olla exprés. Cuando rompa a hervir desespuma, cierra la olla y deja cocer a fuego medio durante 25 minutos. Cuela y reserva.

2 Corta las cebollas en rodajas muy finas. Pon una sartén al fuego y echa la mantequilla. Rehoga en ella las cebollas. Baja el fuego, pon una tapadera y deja que se hagan despacio, durante 20 minutos aproximadamente.

3 Añade el caldo y el cava. Echa una pizca de sal. Cuece durante 15 minutos.

4 Pon a calentar el gratinador de tu horno. Tuesta las rebanadas de pan.

5 Echa la sopa en cazuelas individuales, reparte las rebanadas de pan y pon el queso rallado por encima. Gratina en el horno hasta que el queso se funda. Sirve inmediatamente.

INGREDIENTES PARA 4 PERSONAS

50 g de mantequilla
4 cebollas medianas
750 g de caldo de pollo
400 g de cava
sal
16 rebanadas de pan tostado
150 g de queso gruyer rallado

Para el caldo de pollo

1 litro de agua
2 carcasas de pollo
¼ de pollo
1 puerro
1 zanahoria
1 patata
sal

CONSEJO

Puedes tener la sopa hecha y congelada. El día de tu fiesta la descongelas, añades el pan y el queso, y gratinas.

CREMA
de langostinos

INGREDIENTES PARA 6 PERSONAS

Para el *fumet* de pescado

1,6 l de agua
1 hoja de laurel
sal
1 zanahoria
1 puerro (solo la parte verde)
la cabeza y las espinas de una
  merluza o pescadilla

Para la crema

30 langostinos crudos
la zanahoria del *fumet*
½ puerro
½ cebolla
2 cucharadas de aceite de oliva
  virgen extra
40 g de arroz
½ cucharadita de pimentón
½ cucharadita de harina
200 g de tomate triturado
1 cucharada de azúcar
50 g de brandi
sal
1,5 l de *fumet* de pescado
75 g de nata para cocinar

Para el adorno

1 plancha de hojaldre
1 huevo

Necesitas un rodillo de
enrejados

PREPARACIÓN

El *fumet* de pescado

1 Pon el agua en una cacerola y añade todos los ingredientes del *fumet*. Deja cocer durante unos 20 minutos, desespumando cada cierto tiempo. Reserva el pescado que puedas aprovechar y la zanahoria.

La crema

1 Pela los langostinos y quítales el intestino con un palillo. Lava y reserva las carcasas y las cabezas. Reserva 12 langostinos pelados.

2 Pon el aceite en una cazuela. Cuando esté caliente, sofríe la zanahoria del *fumet*, el puerro y la cebolla troceados en dados pequeños. Cuando el sofrito vaya tomando color, incorpora las carcasas y las cabezas de los langostinos. Remueve.

3 Echa el arroz y remueve durante 1 minuto. Añade el pimentón y la harina, y remueve de nuevo. Incorpora el tomate triturado y la cucharada de azúcar, y deja reducir de 5 a 8 minutos. Añade el brandi y deja 1 minuto al fuego para que se evapore el alcohol.

4 Incorpora el pescado reservado del *fumet*, los cuerpos de los langostinos, una pizca de sal y el *fumet*. Deja cocer durante unos 20 minutos. Tritura con una batidora potente y pasa por un chino. Añade la nata y remueve.

5 Pasa los 18 langostinos por la plancha con una gota de aceite de oliva virgen extra. Corta 6 de ellos en trozos y repártelos en cuencos. Sirve la crema. Haz unas brochetas con los otros 12 langostinos.

El adorno

1 Precalienta el horno a 200 °C, calor arriba y abajo.

2 Extiende la plancha de hojaldre muy fría y pásale un rodillo de enrejados con fuerza de una sola vez y en una sola dirección. Repasa los cortes con un cuchillo.

3 Para abrir la plancha, estírala suavemente en sentido perpendicular a los cortes. Pon una consomera boca abajo sobre el hojaldre, para que te haga de guía, y recorta trozos circulares con un cuchillo afilado. Deposítalos sobre una bandeja cubierta con papel de hornear, pincélalos con huevo batido y hornéalos durante 10 minutos.

CONSEJO ....

Si no tienes rodillo de hacer enrejados, corta el hojaldre con un cor
tapastas con tu forma preferida.
....

CREMA
de jamón ibérico

INGREDIENTES PARA 4 PERSONAS

Para el caldo de pollo y jamón

1 puerro (la parte verde)
1 patata
1 zanahoria
2 carcasas de pollo
1 hueso de jamón ibérico
1½ kg de agua

Para la crema

2 cebollas medianas
1 puerro (la parte blanca)
2 cucharadas de aceite de oliva virgen extra
3 patatas medianas
150 g de jamón ibérico
2 cucharadas de vino blanco
el caldo de pollo y jamón

Para adornar

2 rebanadas de pan de molde
aceite de oliva virgen extra
unos dados de jamón ibérico

PREPARACIÓN

El caldo de pollo y jamón

1 Pon el agua en una cacerola. Pela la patata y la zanahoria y limpia la parte verde del puerro. Añade todo a la cacerola junto con el hueso de jamón, las carcasas de pollo y la sal. Ponlo a cocer.

2 Cuando empiece a hervir quita la espuma y cuece durante 25 minutos. Pasado ese tiempo, cuélalo. Es importante retirar, una vez frío, toda la grasa que queda en la superficie.

La crema

1 Pela las cebollas y trocéalas junto con la parte blanca del puerro.

2 Pon el aceite de oliva virgen extra en una cacerola y fríe las cebollas y el puerro durante 5 minutos a fuego medio.

3 Pela las patatas, trocéalas, añádelas a la cazuela y rehoga a fuego suave durante 5 minutos. Añade el jamón y remueve unos segundos. Agrega el vino blanco y espera 10 segundos a que evapore. Vierte el caldo de pollo y jamón y deja cocer unos 12-15 minutos.

4 Toma un cortapastas pequeño y saca pequeñas formas de una rebanada de pan de molde. Pon aceite de oliva virgen extra en un cazo pequeño. Cuando esté caliente el aceite, retira el cazo del fuego, añade el pan y en 5 segundos lo tienes frito. Sácalo y déjalo escurrir en papel de cocina.

5 Retira las ¾ partes del caldo de la crema, pásala con una batidora mientras vas añadiendo el caldo que consideres oportuno hasta que te quede con la textura que te guste.

6 Adorna con el pan frito y unos dados de jamón.

CONSEJO ....

Esta crema no necesita más sal
que la que ya de por sí le aporta
el jamón ibérico. De todas formas, pruébala cuando la tengas
pasada, por si tienes que rectificar.

....

CONSEJOS ....

• Con esta idea puedes hacer la combinación que más te guste: guisantes y calabaza, calabacín y coliflor, lombarda y patata...

• Si quieres una textura más fina, antes de servir las cremas pásalas por un chino.

....

CREMA DE ESPÁRRAGOS
y zanahoria

PREPARACIÓN

La crema de espárragos

1 Corta los espárragos verdes en trozos con la mano, desechando la parte dura y reservando alguna punta aparte. Limpia el puerro y córtalo en daditos.

2 Pon al fuego una olla exprés con una cucharada de aceite. Cuando esté caliente pocha el puerro. Añade los espárragos, echa un poco de sal, remueve e incorpora el agua. Cierra la olla y mantén al fuego durante 8 minutos.

3 Cuando se enfríe la olla y la puedas abrir, reserva un poco de caldo. Es preferible añadirlo al final si hace falta. Tritura con la batidora.

4 Añade la otra cucharada de aceite de oliva virgen extra en crudo y unas gotas de limón. Remueve. Prueba y rectifica de sal si hace falta.

La crema de zanahoria

1 Pela la cebolla y pártela en daditos. Pela las patatas y las zanahorias. Trocéalas.

2 Pon al fuego una olla exprés con una cucharada de aceite de oliva virgen extra. Echa la cebolla y rehoga. Añade las zanahorias y las patatas. Echa agua y una pizca de sal. Cierra la olla y deja cocer durante unos 10 minutos.

3 Cuando se enfríe la olla y la puedas abrir, reserva un poco de caldo para conseguir el espesor deseado de la crema. Tritura con la batidora.

4 Añade la nata y un chorro de aceite y remueve durante unos segundos. Prueba por si hay que rectificar.

MONTAJE

1 Pasa las puntas de los espárragos por la plancha unos minutos con una pizca de aceite de oliva virgen extra y sal. El tiempo dependerá del grosor de los espárragos.

2 Pon las cremas en dos jarras. Coge una jarra en cada mano y sirve las dos cremas a la vez.

3 Adorna con las puntas de espárrago a la plancha.

INGREDIENTES PARA
4 PERSONAS

Para la crema de espárragos

2 manojos de espárragos verdes
½ puerro
2 cucharadas de aceite de oliva virgen extra
sal
400 g de agua
unas gotas de limón

Para la crema de zanahoria

1 cebolla dulce
2 patatas grandes
4 zanahorias grandes
1½ cucharadas de aceite de oliva virgen extra
sal
400 g de agua
50 g de nata para cocinar

AGUACATES
rellenos

INGREDIENTES PARA 4 PERSONAS

8 aguacates
2 manzanas
1 papayón
350 g de gambas
una pizca de sal

Para la salsa rosa

1 huevo pequeño
250 g de aceite de oliva virgen extra
sal
4 cucharadas de kétchup
1 cucharada de zumo de naranja
1 cucharada de brandi

Necesitas un sacabolas

PREPARACIÓN

1 Abre los aguacates por la mitad con la ayuda de un cuchillo afilado. Toma el medio aguacate con hueso y clava el centro del filo del cuchillo con cuidado en el hueso, y gira el cuchillo con la mano. El hueso se quedará en el cuchillo.

2 Saca bolas de aguacate con la ayuda de un sacabolas. Reserva tanto las bolas como las pieles de los aguacates.

3 Pela la manzana, quita las semillas y saca unas bolas. Reserva. Pela el papayón y saca igualmente unas bolas. Reserva.

4 Pela las gambas. Pon a hervir agua con un poco de sal en un cazo. Cuando esté hirviendo echa las gambas y mantenlas dentro 20 segundos. Sácalas y reserva.

La salsa rosa

1 Saca el huevo un rato antes del frigorífico. Échalo con un poco de aceite en un vaso de batidora, procurando no romper la yema.

2 Empieza a batir con la batidora. Mantenla bien abajo al principio, para irla subiendo lentamente conforme vaya emulsionando. Baja y vuelve a subir mientras añades poco a poco el aceite que consideres oportuno hasta obtener la textura adecuada.

3 Añade a esta mayonesa la sal, el kétchup, la cucharada de zumo de naranja y el brandi, y mezcla.

MONTAJE

1 Rellena las pieles vacías de los aguacates con las bolas de frutas.

2 Reparte las gambas entre todas las piezas.

3 Sirve acompañado de salsa rosa al gusto.

CONSEJO

Puedes hacer una variante de esta receta poniendo las frutas troceadas en dados pequeños, añadiendo una lata de bonito en aceite escurrido, y todo ello mezclado con cuatro cucharadas de salsa rosa y servido dentro de los aguacates.

ENSALADA
Pía

PREPARACIÓN

La salsa de frambuesas

1 Pon a calentar el azúcar y las frambuesas en un cazo. Cuando el azúcar se empiece a fundir, añade el agua. Deja cocer unos 5 minutos.

2 Toma un cuenco y coloca un chino o colador encima. Vierte la salsa y con el mazo de un mortero remueve la frambuesa, hasta que quede en el cuenco una salsa fina.

La vinagreta

1 Pon aceite de oliva virgen extra, el vinagre de Módena y una pizca de sal en un cuenco pequeño. Bate ligeramente con unas varillas hasta que emulsione.

El resto de ingredientes

1 Pela los mangos y córtalos en láminas no muy delgadas.

2 Abre el paquete de mousse de oca. Tiene que estar muy frío.

3 Machaca en el mortero unos quicos hasta que te queden troceados.

MONTAJE

1 Unta un molde cuadrado de emplatar con una pizca de aceite. Recorta la mousse de oca y el mango con el molde.

2 Coloca el molde sobre el plato de presentación. Ve poniendo capas de mango y de mousse de oca sucesivamente. Retira el molde con cuidado.

3 Adorna con unas frambuesas y acompaña con unos brotes de lechuga.

4 Sirve con la salsa de frambuesas, un poco de vinagreta y unos quicos troceados.

CONSEJO ....

Puedes tener montados el mango y la mousse en el plato de presentación y reservado en el frigorífico, para, a la hora de servir, incorporar los brotes, la salsa, la vinagreta y los quicos, y que todo esté perfecto.

....

INGREDIENTES PARA 6 PERSONAS

2 mangos grandes
180 g de mousse de oca
1 bolsa de brotes de lechuga
18 frambuesas
50 g de quicos

Para la vinagreta

100 g de aceite de oliva virgen
    extra
una cucharadita de vinagre de
    Módena
una pizca de sal

Para la salsa de frambuesas

1 cucharada de azúcar
100 g de frambuesas
25 g de agua

Necesitas un molde cuadrado de emplatar

TARTA
de langostinos

INGREDIENTES PARA 6 PERSONAS

Para la ensaladilla rusa

5 patatas medianas
3 pepinillos en vinagre
75 g de aceitunas rellenas de anchoa
sal
1 lata de 250 g de bonito del norte en aceite de oliva
2 cucharadas de mayonesa

Para adornar

4 cucharadas de mayonesa
600 g de langostinos cocidos
3 yemas de huevo duro

Para dar brillo

8 g de gelatina neutra en polvo
100 g de agua

Necesitas un molde desmontable de 20-22 cm de diámetro

PREPARACIÓN

La ensaladilla

1 Cuece las patatas con piel en una olla exprés durante unos 12 minutos. Saca y deja enfriar. Mientras se enfrían las patatas, pica muy finito los pepinillos y las aceitunas. Reserva.

2 Cuece los huevos durante 10 minutos. Pélalos, ralla las yemas y reserva. Guarda las claras para otra receta.

3 Pela las patatas, ponlas en un cuenco y aplástalas con un tenedor. Ponles una pizca de sal.

4 Añade los pepinillos, las aceitunas, el bonito escurrido y picado y la mayonesa. Mezcla y comprueba el punto de sal.

MONTAJE

1 Unta el molde con una pizca de aceite. Coloca la ensaladilla encima y compáctala con una espátula o una cuchara. Tapa con plástico transparente y mete unas horas en el frigorífico. Sin desmoldar pon mayonesa sobre la superficie.

2 Pela los langostinos, haz un corte longitudinal con un cuchillo fino en la zona del intestino, y quítalo para dejarlos limpios. Cubre la tarta con ellos.

3 Disuelve la gelatina en 100 g de agua fría. Pon al fuego, remueve hasta que llegue a punto de ebullición y retira del fuego. Deja templar 10 minutos y aplica una capa por encima de los langostinos.

4 Quita el aro del molde. Unta los laterales con mayonesa.

5 Pon un papel de aluminio de mayor tamaño que la base de la tarta sobre la encimera. Coloca encima la tarta. Coge un cuchillo ancho o una espátula de pastelero. Deposita un poco de yema en el cuchillo y llévalo hacia el lateral de la tarta para que la yema se pegue a la mayonesa. Sigue por todo el borde hasta que queden todos los laterales perfectamente cubiertos. Sirve fría.

CONSEJO

Es importante que la ensaladilla te quede densa para que la tarta tenga buena presencia cuando la desmoldes. ¡Es un plato que nunca falla! Quien lo hace repite siempre.

HUEVOS RELLENOS
de aguacate

INGREDIENTES PARA 6 PERSONAS

6 huevos
1 lata de anchoas en aceite de
    buena calidad
2 aguacates
unas gotas de limón
4 cucharadas de mayonesa

Necesitas un rallador de agujero
fino y una manga pastelera con
boquilla mediana rizada

PREPARACIÓN

1 Cuece los huevos durante 10 minutos contando desde que el agua empiece a hervir. Refréscalos en agua fría. Corta los huevos por la mitad a lo largo. Saca las yemas y resérvalas aparte. Escurre las anchoas y ponlas en un vaso de batidora.

2 Abre los aguacates por la mitad con la ayuda de un cuchillo afilado. Toma el medio aguacate con hueso y clava el centro del filo del cuchillo con cuidado en el hueso, y gira el cuchillo con la mano. El hueso se quedará en el cuchillo. Corta los aguacates en trozos pequeños y échalos al vaso de la batidora, junto con las gotas de limón. Añade también 3 yemas cocidas y la mayonesa. Tritura hasta obtener una crema.

3 Pon la crema de aguacate dentro de una manga pastelera con boquilla rizada mediana. Rellena los huevos.

4 Ralla por encima una yema de huevo con ayuda del rallador. Sirve inmediatamente.

CONSEJOS

- Cuando hagas esta receta ten los ingredientes fríos antes de triturarlos, ya que es más agradable tomarla fría.

- El aguacate se oxida rápidamente, por lo que debes servir en cuanto pongas la crema en los huevos.

RAVIOLIS DE LANGOSTINOS
y rape

INGREDIENTES PARA 8 PERSONAS

Para la masa de los raviolis

500 g de harina de sémola dura
100 g de huevos (el peso es sin cáscara)
50 g de aceite de oliva virgen extra
6 g de sal fina
110 g de agua

Para el relleno de los raviolis

200 g de rape
15 langostinos crudos
100 g de huevos (el peso es sin cáscara)
90 g de nata
5 g de sal
una pizca de pimienta
1 manzana
1 cucharada de mantequilla

Para la salsa de champiñones

300 g de champiñones
100 g de chalotas
50 g de aceite de oliva virgen extra
400 g de un fumet de pescado
100 g de nata
sal
pimienta
½ cucharadita de zumo de limón

Para adornar

unas puntas de espárragos verdes

PREPARACIÓN

La masa de ravioli

1 Mezcla los ingredientes y amasa durante 10 minutos. Haz una bola, envuélvela en plástico transparente y déjala reposar en el frigorífico hasta el día siguiente.

El relleno de los raviolis

1 Pon los filetes de rape crudo y 10 langostinos pelados crudos en un vaso de batidora y tritúralos. Añade los huevos, la nata, la sal y la pizca de pimienta. Reserva.

2 Pela la manzana y pártela en dados muy pequeños. Ponla en una sartén con la mantequilla y deja que se haga durante unos minutos. Reserva.

La salsa de champiñones

1 Limpia los champiñones y pela las chalotas. Trocea todo y salpimienta.

2 Pon en el fuego una sartén con el aceite. Echa las chalotas y los champiñones y sofríe 5 minutos. Vierte el *fumet* y cuece 15 minutos.

3 Agrega la nata y deja que reduzca a la mitad. Tritura. Añade la media cucharadita de limón y remueve. Reserva.

MONTAJE

1 Parte los 5 langostinos que te quedan en tres o cuatro trozos.

2 Saca la masa del frigorífico. Alísala con ayuda de una máquina o rodillo. Corta dos planchas rectangulares.

3 Extiende montoncitos de la mezcla de rape y langostinos sobre una de las planchas, con la separación suficiente para cerrar los raviolis. Añade unos dados de manzana y un trozo de langostino. Pincela con agua los bordes de la plancha y las calles que quedan entre los montoncitos. Cubre con la otra lámina de masa. Cierra los raviolis presionando una plancha contra la otra. Recorta los raviolis con un cortapastas.

4 Pon a hervir abundante agua con un poco de sal. Echa los raviolis con cuidado y mantenlos durante 2 o 3 minutos. Retira del agua y escurre.

5 Pasa unas puntas de espárragos unos segundos por una sartén con una pizca de aceite. Sirve con la salsa caliente inmediatamente.

CONSEJO ....

Puedes tener preparados los raviolis el día anterior listos para
cocer, y si me apuras, hasta la
salsa hecha, lista para calentar-
la en el momento de servir.

....

Segundos

CENTOLLA
gratinada

INGREDIENTES PARA 2 PERSONAS

1 cebolla grande
200 g de langostinos frescos
sal
½ vaso de agua
1 centolla cocida
75 g de aceite de oliva virgen extra
2 cucharadas de brandi
35 g de harina
200 g de leche
1 cucharada de tomate frito
50 g de concentrado de langostino
3 cucharadas de pan rallado
50 g de mantequilla en dados

PREPARACIÓN

1 Pela y trocea la cebolla. Reserva. Pela los langostinos y quítales el intestino con un palillo. Trocéalos y reserva.

2 Lava las cabezas y las carcasas. Ponlas a cocer en un cazo con una pizca de sal y medio vaso de agua. Desespuma. Pasados unos minutos, cuela el caldo y saca todo el jugo a las cabezas con la ayuda del mazo de un mortero. Reserva este concentrado de langostino.

3 Limpia la centolla. Para ello quita en primer lugar la "tapa" que cubre la parte del abdomen (triangular en el macho y de forma más redondeada en la hembra) y deséchala junto con su contenido.

4 A continuación separa el cuerpo y las patas del caparazón. Se hace con poco esfuerzo. Reserva el caparazón. Arranca las membranas que cubren el cuerpo en sus dos mitades. Pártelo por la mitad. Separa las patas del cuerpo. Con ayuda de un martillo da un golpe a las patas y saca la carne que tengan. Reserva. Guarda la carne del cuerpo para degustar aparte, ¡es deliciosa! Guarda también el jugo.

5 Pon el aceite en un cazo. Cuando esté caliente añade la cebolla troceada y los langostinos. Incorpora el brandi y deja cocer durante un minuto sin parar de remover. Echa la harina y sigue removiendo durante 2 minutos.

6 Añade la leche caliente, el tomate frito, el concentrado de langostino, la carne de las patas, el jugo de la centolla y la sal. Remueve con unas varillas. Deja unos minutos al fuego sin dejar de remover hasta que esté espeso.

7 Pon el gratinador de tu horno. Reparte el relleno en el caparazón. Pon el pan rallado y la mantequilla cortada en dados por encima y gratina hasta que esté dorado. Sirve inmediatamente.

CONSEJO

Si decides poner marisco a tus invitados, no te la puedes jugar: ¡compra siempre el mejor producto a tu pescadero de confianza!

SALMÓN
ahumado

PREPARACIÓN

1 Pide a tu pescadero que te deje el lomo limpio pero con la piel. Ya en casa, y con unas pinzas que tengas exclusivamente para este uso, quita las espinas que hay en la parte más alejada de la cola. Congélalo por seguridad a -24 °C durante 48 horas. Descongélalo en el frigorífico.

2 Coge una bandeja del tamaño del lomo. Echa una primera capa de preparado para ahumar. Pon el salmón encima con la piel hacia abajo y cúbrelo con otra capa de preparado, Tiene que quedar totalmente cubierto. Ponle peso encima, dos *bricks* de leche, por ejemplo, y envuelve la bandeja con plástico transparente. Métalo todo en una bolsa grande —si es posible, hermética— para evitar el olor a ahumado en el frigorífico. Consérvalo en él durante 48 horas.

3 Sácalo y lávalo con agua fría. Sécalo. Úntalo con aceite de oliva virgen extra. Envuélvelo en plástico transparente y déjalo en el frigorífico durante otras 24 horas.

4 ¡Ya lo tienes listo! Usa un cuchillo muy afilado para cortar finas lonchas y sirve al gusto. A mi me encanta acompañarlo con huevo duro, cebolla, alcaparras y pepinillos en vinagre, todo picado muy fino.

INGREDIENTES PARA
6 PERSONAS

un lomo de salmón con piel y
    sin espinas
1,2 kg de preparado especial
    para ahumar
aceite de oliva virgen extra

CONSEJO

Si no consigues el preparado para salmón ahumado, una buena alternativa es hacer un salmón marinado, simplemente mezclando azúcar y sal gorda, a partes iguales, aunque obviamente no tendrá este toque ahumado. Para 1.250 gramos de salmón necesitarás aproximadamente 750 g de sal y otro tanto de azúcar. Puedes añadirle eneldo si te gusta el sabor que le aporta.

BACALAO EN
salsa de pimientos

PREPARACIÓN

1 Descongela el bacalao, sécalo bien con papel de cocina y resérvalo.

2 Pela las alcachofas quitando las hojas exteriores. Mantén el tallo, pelado también. Córtales el extremo superior de las hojas y pártelas por la mitad.

3 Pon agua con una pizca de sal en una cazuela al fuego. En cuanto hierva el agua introduce las alcachofas y déjalas cocer hasta que estén a tu gusto —a mí me gusta dejarlas un poco al dente—. Sácalas y déjalas escurrir bien.

4 Echa 2 cucharadas de aceite de oliva virgen extra en un cazo y ponlo al fuego.

5 Pela la cebolla y trocéala en dados. Quita el rabo y las semillas a los pimientos, y trocéalos también. Échalo todo en la sartén y deja que se frían poco a poco. Cuando estén listos, pásalos al vaso de una batidora y tritúralos. La textura es espesa, pero si tú la prefieres un poco más clara puedes agregarle una pizca del agua de cocer las alcachofas y remover.

6 Mientras tanto pon dos sartenes antiadherentes al fuego. Una, con una pizca de aceite de oliva virgen extra, y a fuego alto al principio. Cuando esté caliente, pon el bacalao por la zona de la piel y deja que se haga unos dos minutos. Baja el fuego, pon una tapa y con el propio vapor se terminará de hacer. El tiempo es aproximado y depende del grosor del bacalao, pero serán unos 6 minutos en total.

7 Pon una pizca de aceite de oliva virgen extra en la otra sartén. Echa las alcachofas y déjalas en el fuego unos 2 o 3 minutos.

8 Para emplatar extiende en la base del plato un par de cucharadas de salsa de pimientos, coloca encima el bacalao, y sirve las alcachofas de guarnición.

CONSEJOS

• Este tipo de bacalao se encuentra fácilmente en la zona de congelados de cualquier supermercado.

• Si no quieres hacerlo a la plancha, puedes meterlo en el horno a 200 °C, calor arriba y abajo, durante unos 12 minutos, aunque dependerá mucho del grosor del lomo de bacalao.

INGREDIENTES PARA
4 PERSONAS

4 lomos de bacalao congelado
  y desalado
4 alcachofas
2 cucharadas de aceite de oliva
  virgen extra
2 pimientos rojos
1 cebolla dulce
sal
pimienta

PASTEL
de merluza

INGREDIENTES PARA
6-8 PERSONAS

agua
sal
1 cebolleta
1 hoja de laurel
1 kg de merluza congelada
6 huevos medianos
250 g de nata con más del 35 %
    de materia grasa
250 g de tomate frito casero
pimienta

Para la salsa rosa exprés

6 cucharadas de mayonesa de
    bote
1 cucharada de aceite de oliva
    virgen extra
2 cucharadas de kétchup
1 cucharada de zumo de
    naranja
1 cucharada de brandi

PREPARACIÓN

1 Precalienta el horno a 180 °C, calor arriba y abajo.

2 Pon al fuego una cazuela con agua, sal, la cebolleta y el laurel. Cuando hierva, cuece la merluza, de 5 a 8 minutos. Retira el agua.

3 Cuando esté templada la merluza, separa toda la carne de las espinas —salvo que hayas usado filetes de merluza ya limpios—. Desmenuza el pescado ya limpio, en trozos no demasiado pequeños.

4 Pon los huevos en un cuenco. Bátelos con unas varillas. Añade la nata, el tomate frito y la merluza. Salpimienta ligeramente y remueve.

5 Prepara un molde rectangular tipo *cake* forrado con una tira de papel de hornear a lo largo de la base y asomando por los extremos. Úntalo con mantequilla. Pon la masa del pastel de merluza en el molde.

6 Coloca el molde dentro de otro recipiente más bajo con agua, para meterlo en el horno al baño maría. Hornea durante unos 50 o 60 minutos. Pasado este tiempo, al pincharlo con una aguja o brocheta esta debe salir seca. Deja reposar un mínimo de 2 horas antes de desmoldar.

7 Prepara una salsa rosa. Pon 4 cucharadas de mayonesa en un cuenco. Añade la cucharadita de aceite de oliva virgen extra, las 2 cucharadas de kétchup, la cucharada de zumo de naranja y la cucharada de brandi, y mezcla.

8 Desmolda y unta con salsa rosa la superficie. Acompaña con unas tostas de pan.

CONSEJOS ....

• Este pastel está muy rico también si cambias la merluza por cabracho. La única precaución que debes tener es la de quitarle bien todas las espinas. ¡Es sabrosísimo!

• También tengo una versión exprés: compra filetes de merluza congelados sin piel y sin espinas para realizar esta receta.

....

MILHOJAS
de atún

PREPARACIÓN

El *fumet*

1 Pon un vaso y medio de agua en una cacerola pequeña. Añade la espina y la cabeza de la pescadilla, una pizca de sal, el puerro y la zanahoria. Cuece durante unos 10 minutos. Desespuma, cuela el caldo y reserva.

La salsa

1 Pon el tomate frito en una sartén honda. Machaca en un mortero los granos de pimienta, las almendras y un poco de perejil.

2 Echa en el mortero un vaso de *fumet*. Da vueltas e incorpóralo a la sartén. Deja cocer de 10 a 15 minutos hasta que espese. Prueba por si hay que rectificar.

El atún

1 Pela y corta la cebolla en gajos.

2 Pon el aceite en una sartén. Cuando esté caliente, añade la cebolla y un poco de sal. Deja que se haga lentamente.

3 Cuando esté pochada, sácala y ponla en un colador para que escurra el aceite. Reserva.

4 Corta trozos de atún del tamaño del molde de emplatar. Salpimienta y pasa por una plancha o sartén antiadherente muy caliente para sellarlo.

MONTAJE

1 Pon un poco de salsa en el plato.

2 Sitúa el molde de emplatar sobre la salsa. Coloca una porción de atún, una capa de cebolla, otra de salsa y atún de nuevo.

CONSEJO

No pierdas de vista esta salsa, que es magnífica para acompañar cualquier pescado.

INGREDIENTES PARA 4 PERSONAS

Para el milhojas

2 cebollas
3 cucharadas de aceite de oliva virgen extra
2 rodajas hermosas de atún rojo
sal
pimienta

Para la salsa

250 g de tomate frito casero
unos granos de pimienta molida
10 almendras crudas peladas
un poco de perejil
250 g de *fumet* de pescado

Para el *fumet* de pescado

1½ vasos de agua
la espina central y la cabeza de una pescadilla
sal
½ puerro
½ zanahoria

Necesitas un molde de emplatar cuadrado

SARGO AL HORNO
con salsa tártara

1 sargo grande, limpio y entero
1 diente de ajo
sal
el zumo de medio limón
1 cucharada de aceite de oliva
   virgen extra
2 cucharadas de agua

Para la mayonesa

1 huevo
300 g de aceite de oliva virgen
   extra, de una variedad de
   sabor suave
sal al gusto
unas gotas de limón o vinagre

Para la salsa tártara

250 g de mayonesa casera
¼ de cebolleta fresca
2 pepinillos en vinagre
   medianos
1 huevo duro
1 cucharada de alcaparras en
   vinagre

PREPARACIÓN

La mayonesa

1 Echa el huevo y un poco de aceite en el vaso de la batidora, procurando no romper la yema.

2 Empieza a batir con la batidora. Mantenla bien abajo al principio, para irla subiendo lentamente conforme vaya emulsionando. Baja y vuelve a subir, mientras añades poco a poco el aceite. Tendrás que echar más o menos aceite en función del espesor que quieras conseguir.

3 Cuando esté totalmente emulsionada añade la sal y las gotas de limón —o un chorrito de vinagre— y mezcla.

La salsa tártara

1 Pica la cebolleta, los pepinillos, el huevo duro y las alcaparras en trozos muy pequeños. Añade estos ingredientes a la mayonesa y mezcla bien con la ayuda de una espátula. Reserva en el frigorífico.

El sargo

1 Precalienta el horno a 210 °C, calor arriba y abajo.

2 Pon el ajo en el mortero y machácalo. Añade el zumo de limón y el agua, y mezcla. Pon el sargo en una bandeja para horno. Sálalo y úntalo con el contenido del mortero. Añádele por encima el aceite.

3 Mete la bandeja en el horno y deja hornear unos 15 minutos máximo, para que te quede hecho pero jugoso. El tiempo es orientativo y depende del peso del pescado. Una vez horneado sirve inmediatamente acompañado de la salsa tártara.

CONSEJO

Si el pescado no es grande, sino que son piezas de ración, puedes usar la misma receta pero haciéndolo a la plancha. ¡Queda estupendo!

RAPE
al estilo Julieta

PREPARACIÓN

La salsa

1 Echa el tomate frito en un cazo y ponlo a fuego medio.

2 Machaca los frutos secos y la pimienta en un mortero.

3 Añade el agua y el brandi al mortero y remueve.

4 Vierte el contenido del mortero sobre el tomate cuando esté caliente, y deja reducir un poco a fuego medio-bajo, para que la salsa de tomate coja gusto y espese.

El rape

1 Mientras se termina de hacer la salsa, corta en trozos a tu gusto el rape. Échale un poco de sal y reserva.

2 Vierte aceite de oliva virgen extra en un cazo no muy grande y ponlo al fuego.

3 Bate un huevo.

4 Pasa el rape por harina y termina dando unas palmaditas a cada pieza para que suelte la harina sobrante. Pásalas por huevo y fríelas. Sácalas a un colador para que suelten la grasa restante.

Montaje

1 Monta el plato con una buena cucharada de salsa en su base y coloca encima el rape rebozado.

INGREDIENTES PARA
4 PERSONAS

800 g de rape limpio
una pizca de sal
un poco de harina
1 huevo
aceite de oliva virgen extra

Para la salsa

300 g de tomate frito casero
50 g de frutos secos variados (avellanas, almendras y piñones)
5 granos de pimienta entera
100 g de agua
2 cucharadas de brandi

CONSEJOS ···

• Puedes sustituir el rape por merluza o incluso por unos buenos lomos de bacalao desalados. Es un plato muy sencillo que hará las delicias de tus comensales en cuanto lo prueben.

• Si no tienes la mezcla de frutos secos que propongo usa los que tengas a mano. Lo importante es que sean de calidad para darle ese toque de sabor tan especial que tienen.

PLUMA DE CERDO IBÉRICO
con salsa de mandarinas

PREPARACIÓN

La salsa

1 Pela las mandarinas, procurando quitar bien toda la parte blanca de la piel para que no amargue. Separa los gajos, córtalos por la mitad y reserva.

2 Pica las chalotas.

3 Pon el aceite de oliva virgen extra en un cazo. Cuando esté caliente añade las chalotas, baja un poco el fuego y deja unos minutos que se hagan.

4 Añade las mandarinas y mantén al fuego un par de minutos más.

5 Incorpora la sal, la pimienta, el caldo y el jerez. Deja cocer durante unos 10 minutos.

6 Cuela la salsa en un chino y aprieta bien todos los gajos de mandarina con el mazo de un mortero. Vuelve a poner la salsa en el cazo, pruébala por si tienes que rectificar, y deja que reduzca hasta que esté a tu gusto.

La carne

1 Echa una cucharada de aceite de oliva virgen extra en una sartén antiadherente. Cuando esté muy caliente la sartén, pon la carne. Baja a fuego medio y deja 3 minutos por cada lado —aunque esto dependerá del grosor de cada pieza—. Si es una carne ibérica de buena calidad quedará exquisita al punto. Añade en el último momento unas escamas de sal.

2 Mientras se termina de hacer la carne, calienta un poco de aceite de oliva virgen extra en otra sartén. Cuando esté caliente añade las espinacas y saltéalas; estarán listas en unos 30 segundos.

3 Extiende las espinacas en la base de la bandeja de presentación.

4 Corta la carne en rodajas a tu gusto y colócala sobre las espinacas.

5 Pon unos brotes de rabanitos repartidos por la carne y sirve la salsa aparte, para que cada comensal pueda servirse a su gusto.

CONSEJO

Si no tienes mandarinas para hacer la salsa puedes prepararla con naranjas. Fuera de temporada está muy rica usando 125 g de mermelada amarga de naranja.

INGREDIENTES PARA 4 PERSONAS

2 piezas de pluma de cerdo ibérico
unas escamas de sal
1 cucharada de aceite de oliva virgen extra

Para la salsa

3 mandarinas
2 cucharadas de aceite de oliva virgen extra
2 chalotas
una pizca de sal
una pizca de pimienta
200 g de caldo de carne
2 cucharadas de jerez Pedro Ximénez

Para acompañar

1 bolsa de espinacas *baby*
unas gotas de aceite de oliva virgen extra
unos brotes de rabanitos

POPIETAS
de gallo

INGREDIENTES PARA 4 PERSONAS

2 gallos grandes
8 gambas grandes
sal

Para el *fumet* de pescado
las cabezas y las carcasas de las
    gambas arroceras
1 cucharada de aceite de oliva
    virgen extra
las espinas centrales y las
    cabezas de los gallos
la parte verde de un puerro
1½ vasos de agua
una pizca de sal

Para la *velouté* de gambas
los cuerpos de 12 gambas
    arroceras
una pizca de sal y de pimienta
    blanca
2 cucharadas de aceite de oliva
    virgen extra
2 cucharadas de harina
1 vaso de *fumet* de pescado

Para rebozar
harina
huevo
aceite de oliva virgen extra
    para freír

Para acompañar
tomate frito
arroz blanco
una pizca de perejil

PREPARACIÓN

El *fumet* de pescado
1 Pela las gambas arroceras. Reserva las carcasas y las cabezas.

2 Pon la cucharada de aceite de oliva virgen extra en un cazo. Fríe las espinas centrales y las cabezas de los gallos y las carcasas y cabezas de las gambas.

3 Rehoga la parte verde de un puerro. Añade el agua y echa una pizca de sal. Deja cocer 10 minutos. Cuela y reserva.

La *velouté* de gambas
1 Corta los cuerpos de las gambas arroceras. Salpimienta.

2 Pon el aceite de oliva en una cacerola. Sofríe en ella las gambas. Añade la harina y remueve con unas varillas durante 2 minutos. Sin dejar de remover ve añadiendo poco a poco el *fumet* de pescado caliente, y dale vueltas hasta formar una bechamel muy espesa.

Las popietas
1 Pide a tu pescadero que te saque los filetes de los gallos. Ponles una pizca de sal.

2 Pela las gambas sin quitar el último segmento de la cola. Marca las gambas unos segundos en la sartén.

3 Extiende los filetes de gallo, y pon sobre cada uno de ellos una cucharada de *velouté* y una gamba, dejando que asome su cola por el borde del filete. Enrolla el filete de gallo con cuidado y vigilando que asome la cola de la gamba.

4 Sella bien la popieta con harina y pásala por huevo batido. Fríe en abundante aceite de oliva virgen extra y escurre en papel de cocina.

5 Sirve inmediatamente sobre salsa de tomate, y con una guarnición de arroz blanco adornado con un poco de perejil.

CONSEJO
Un gallo es un pescado blanco plano sin apenas grasa. Como no está disponible en todas las épocas del año, lo puedes cambiar por cualquier otro que te guste y del que se puedan sacar unos filetes.

PECHUGA DE PAVO
rellena

INGREDIENTES PARA 6 PERSONAS

2 pechugas de pavo enteras
sal y pimienta
6 orejones
6 ciruelas sin hueso
150 g de beicon en lonchas

Para la salsa
75 g de brandi
6 orejones
6 ciruelas sin hueso
2 cucharadas de aceite de oliva virgen extra
1 cebolla mediana
200 g de caldo de pollo
una pizca de sal
una pizca de pimienta molida

Para la guarnición
1 manojo de espárragos verdes
una hoja de puerro

PREPARACIÓN

1 Deja macerando en el brandi los orejones y las ciruelas, tanto los de la salsa como los del relleno, durante un mínimo de media hora. Precalienta el horno a 220 °C, calor arriba y abajo.

2 Abre cada pechuga de pavo por la mitad en sentido longitudinal con la ayuda de un cuchillo afilado, como para hacer un libro. Haz luego sendos cortes en cada mitad para seguir abriéndola, como si fueran las solapas del libro. Salpimienta estos filetes. Reparte en su interior 6 orejones y 6 ciruelas.

3 Limpia el beicon quitándole la corteza, si tiene, y las ternillas. Extiéndelo sobre los filetes de pechuga de pavo. Enrolla cada filete y átalo con hilo de cocina habitualmente empleado para esta técnica. Ponlos en una bandeja apta para el horno. Pon también en la bandeja los ingredientes de la salsa.

4 Hornea a 220 °C durante 20 minutos. Luego baja el horno a 200 °C. Dale la vuelta a las pechugas y deja hornear otros 20 o 30 minutos, hasta que la carne esté hecha, dorada pero jugosa. Salsea por encima de vez en cuando.

5 Saca del horno. Reserva las pechugas. Vierte el contenido de la salsa de la bandeja en un vaso de batidora. Bátelo, prueba y rectifica si es necesario.

6 Quita la parte más dura del tallo de los espárragos. Cuécelos al vapor durante unos minutos para que queden *al dente*. Si los espárragos son finos puedes saltarte este paso. Haz unos hatillos de espárragos con una tira de puerro pasada por agua hirviendo unos 10 segundos. Ponlos a la plancha fuerte durante un minuto.

7 Corta las pechugas en lonchas gruesas. Acompaña con la salsa y con los hatillos de espárragos.

CONSEJO

Puedes hacer esta misma carne al vapor, enrollándola en plástico transparente, apretando mucho y pinchando el paquete para que no se infle en la cocción. Pon los rollos en un cestillo para cocer al vapor dentro de una cazuela. La carne estará lista, dependiendo del tamaño, en unos 35 o 40 minutos. En este caso la salsa se hace aparte en un cazo. Deja cocer los ingredientes, pásalos por la batidora y rectifica si es necesario.

ROLLITOS
de presa ibérica

INGREDIENTES PARA 6 PERSONAS

2 piezas de presa ibérica
sal
pimienta molida
150 g de jamón ibérico
2 cucharadas de aceite de oliva
    virgen extra

Para la guarnición

1 kg de champiñones
2 cebollas
4 cucharadas de aceite de oliva
    virgen extra
sal
1 cucharada de harina
½ vaso de vino Pedro Ximénez
agua

PREPARACIÓN

1 Salpimienta la presa. Extiende el jamón ibérico por encima y enrolla. Pon un par de palillos en el cierre para que no se te abra. Repite el mismo proceso con la otra pieza.

2 Calienta la plancha. Cuando esté muy caliente pon el aceite de oliva virgen extra y pasa la presa por la plancha hasta que esté a tu gusto.

3 Saca la carne a una tabla, quita los palillos y corta en porciones.

Los champiñones

1 Limpia los champiñones, quitando las partes con tierra. Pártelos en láminas o en cuartos.

2 Pela y trocea la cebolla en dados pequeños. Pon aceite de oliva en una cazuela o sartén honda. Cuando esté caliente, pocha la cebolla.

3 Añade los champiñones y sala al gusto. Pon una tapadera y mantén a fuego medio durante 5 minutos. Ve removiendo de vez en cuando. Echa la harina y remueve.

4 Incorpora el Pedro Ximénez y el agua, sin que llegue a cubrir los champiñones. Deja cocer hasta que reduzca y espese la salsa. Prueba y rectifica si es necesario.

MONTAJE

1 Reparte la presa recién hecha entre los comensales. Sirve la guarnición en cada plato con la ayuda de un aro de emplatar.

CONSEJO

En vez de enrollada, puedes servir la carne fileteada y sin el jamón. Está igualmente deliciosa.

CONSEJO ....
Puedes cambiar el beicon por
unas lonchas de jamón ibérico:
el sabor que le da a la carne es
espectacular.

SOLOMILLO
de ibérico relleno

PREPARACIÓN

El solomillo

1 Precalienta el horno a 200 °C, calor arriba y abajo.

2 Hidrata las frambuesas en el vino oloroso. Abre los solomillos a lo largo como un libro. Salpimienta.

3 Limpia el beicon quitándole la corteza, si tiene, y las ternillas. Extiéndelo por encima de la carne y reparte las frambuesas. Enrolla el solomillo bien prieto y átalo con hilo de cocina apto para hornear.

4 Salpimienta el solomillo, pásalo por harina y fríe en aceite hasta que se dore.

5 Echa el vino y el agua por encima. Coloca la carne en una bandeja de horno y vierte la sartén por encima. Hornea 20 minutos a 180 °C.

La guarnición de patatas y cebollitas

1 Pela las patatas. Cuécelas en agua con sal. Escúrrelas y pásalas por una sartén con mantequilla hasta que se doren. Espolvorea con perejil.

2 Pon agua a hervir en un cazo. Escalda las cebollitas. Pélalas. Ponlas en una sartén con agua caliente, añade la mantequilla, la sal, la pimienta y el azúcar. Tapa y cuece hasta que se consuma el agua.

La salsa de frambuesa

1 Pocha la cebolleta en un poco de aceite.

2 Cuando esté bien pochada añade la mermelada, el vaso de caldo, el jugo de la bandeja de hornear y una pizca de pimienta. Deja hervir unos minutos a fuego fuerte para que reduzca.

3 Pásala por el chino para quede una salsa fina. Fuera del fuego añade la mantequilla. Remueve y sirve inmediatamente.

MONTAJE

1 Sirve salsa de frambuesa en la base del plato. Pon el solomillo en rodajas gruesas sobre ella.

2 Acompaña con las patatas y las cebollitas. Sirve inmediatamente.

INGREDIENTES PARA 4 PERSONAS

16 frambuesas deshidratadas
½ vaso de vino oloroso
2 solomillos de cerdo ibérico
sal y pimienta
10 lonchas de beicon ahumado
aceite de oliva virgen extra
un poco de harina
½ vaso de agua

Para las patatas

300 g de patatas
agua
sal
15 g de mantequilla
un poquito de perejil

Para las cebollitas

300 g de cebollitas francesas
25 g de mantequilla
sal y pimienta
una pizca de azúcar

Para la salsa de frambuesa

1 cebolleta tierna
1 cucharada de aceite de oliva virgen extra
6 cucharadas de mermelada de frambuesa
1 vaso de caldo de pollo casero
el jugo de la bandeja una vez horneado el solomillo
una pizca de pimienta molida
una cucharada de mantequilla a temperatura ambiente

TOURNEDÓ CON SALSA
al cava y verduras

INGREDIENTES PARA 4 PERSONAS

4 medallones de solomillo
   de ternera
8 lonchas de beicon
4 rodajas de calabaza
1 cucharada de aceite de oliva

Para el caldo de carne
1 cucharada de aceite de oliva
un hueso de ternera
unos trozos de carne de ternera
1 puerro (la parte verde)
1 cebolla
1 zanahoria
1 hoja de apio
400 g de agua
sal

Para la salsa
1 zanahoria
½ puerro
1 cebolla
250 g de caldo de carne
150 g de cava brut
una pizca de pimienta molida
1 cucharadita de miel
30 g de mantequilla
1 cucharada de aceite de oliva

Para la guarnición
100 g de champiñones
1 cucharada de aceite de oliva
12 tomates cherry
unas hojas de canónigos
12 espárragos verdes
100 g de guisantes
1 zanahoria

PREPARACIÓN

El caldo de carne
1 Pela, corta y trocea las verduras. Pon el aceite de oliva virgen extra en un cazo y sofríe los trozos de carne y las verduras.

2 Añade los huesos, el agua y sal al cazo y ponlo a cocer. Cuando rompa a hervir, espuma y deja cocer unos 20 minutos. Cuela y reserva.

La salsa
1 Pela la zanahoria, la cebolla y el puerro y trocéalos en dados muy pequeños. Pon el aceite de oliva en un cazo y sofríe las verduras.

2 Añade el caldo, el cava, la miel y la pimienta, y cuece 10 minutos.

3 Cuela la salsa con un chino, presionando bien las verduras con una cuchara o la mano de un mortero para sacar todo su jugo.

4 Vuelve a poner al fuego y reduce. Cuando lleve 5 minutos añade la mantequilla, remueve y reduce otros 5 minutos.

La guarnición
1 Corta unos trocitos de zanahoria, tornéalas y cuécelas 10 minutos.

2 Pasa los champiñones por una sartén antiadherente a fuego medio con una pizca de aceite de oliva, están hechos enseguida. Reserva. Haz lo mismo con los tomates, la zanahoria, los espárragos y los guisantes.

3 Prepara unas hojas de canónigos. Corta unas rodajas de calabaza de 1 cm de grosor. Pélalas, pon aceite de oliva virgen extra en una sartén antiadherente, y cuando esté caliente, pásalas por la sartén a fuego medio 5 minutos.

La carne
1 Calienta una plancha al fuego. Cuando esté caliente, ponla a ¾ de la potencia, pon la carne y hazla 5 minutos por cada lado (según el gusto del comensal y el grosor de la carne). Dale un toque de sal.

MONTAJE
Pon la salsa de base, una rodaja de calabaza en el centro, y el tournedó recién hecho. Coloca a tu gusto la guarnición.

CORDERO ASADO
con patatas

INGREDIENTES PARA 6 PERSONAS

4 patatas grandes
sal
2 carrés enteros de cordero
    lechal
pimienta negra
2 dientes de ajo
100 g de agua
1 cucharada de aceite de oliva
    virgen extra
un poco de perejil
un poco de tomillo
1 cucharada de vinagre
1 vaso pequeño de vino blanco

PREPARACIÓN

1 Precalienta el horno a 200 °C, calor arriba y abajo.

2 Pela las patatas y pártelas en rodajas un poco gruesas. Añádeles sal. Ponlas de base en la bandeja del horno.

3 Salpimienta el cordero y ponlo sobre las patatas. Añade los dientes de ajo sin pelar, el agua y la cucharada de aceite. Hornea durante 25 minutos. Pasado ese tiempo saca los ajos ya asados y ponlos en el mortero. Agrega el perejil troceado y el tomillo y machácalo.

4 Añade el vinagre y el vino, remueve todo y échalo por encima del asado. Hornea durante 10 minutos más. Si el cordero es tierno con este tiempo será suficiente. Si te gusta más dorado, pon el gratinador y déjalo unos 5 minutos para que se dore un poco más.

CONSEJO

Si las patatas no son nuevas y el cordero es lechal, tendrás que poner a hornear primero las patatas, unos 15 minutos antes, y luego añadir la carne y continuar el horneado hasta que esté al punto.

RABO DE TERNERA
al vino tinto

INGREDIENTES PARA 4 PERSONAS

1 zanahoria
2 cebollas
½ pimiento rojo
1 tomate maduro
1 rabo de ternera cortado
  en trozos
sal
pimienta molida
1 hoja de laurel
2 vasos de vino tinto
3 cucharadas de aceite de oliva
  virgen extra
2 dientes de ajo
1 cucharada de harina
50 g de brandi
2 vasos de agua

Para la guarnición

300 g de patatas de guarnición
2 zanahorias
agua
sal
½ cucharada de aceite de oliva
  virgen extra
perejil

PREPARACIÓN

1 Pela la zanahoria y pártela en rodajas. Reserva. Pela las cebollas y córtalas en gajos. Reserva. Trocea el pimiento y el tomate.

2 Lava el rabo y sécalo con papel de cocina. Salpimiéntalo y ponlo en un recipiente junto con las cebollas, la zanahoria, el pimiento, el tomate y el laurel. Vierte los dos vasos de vino por encima. Deja macerando unas horas, o mejor aún, de un día para otro.

3 Pon 3 cucharadas de aceite de oliva virgen extra en la olla a presión y fríe los ajos. Añade la cebolla empleada para macerar. Cuando esté dorada, incorpora el tomate y el pimiento de la maceración y continúa sofriendo.

4 Reboza el rabo en harina. Sacude la que sobre. Dóralo aparte en una sartén con un poco de aceite. Una vez dorado, introdúcelo en la olla, junto a la hoja de laurel y la zanahoria troceada.

5 Coge la sartén con el aceite sobrante de freír el rabo, añade la cucharada de harina, y dale una vuelta. Agrega el brandi, la mitad del vino con que se ha macerado el rabo y el agua. Remueve y vierte en la olla. Ponlo a cocer a fuego medio unos 30 minutos. Aparta del fuego. En cuanto baje la presión abre la olla y mantén unos 15 minutos más en el fuego. Si es mucha salsa retira la que te parezca oportuno y pruébala. El tiempo es orientativo; la carne tiene que quedar tiernísima. Saca el rabo. Pasa la salsa por un pasapurés.

6 Pela las patatas y cuécelas en agua con sal. Cuela y reserva. Pela y trocea las zanahorias. Cuécelas en agua con sal. Reserva. Saltea las patatas y las zanahorias en una sartén con una pizca de aceite de oliva virgen extra y un poco de perejil picado.

7 Sirve la carne con un poco de salsa y acompañada con la guarnición.

CONSEJO

Si preparas un rabo con antelación, nada más terminar de hacerlo ponle plástico transparente tocando la carne: así evitarás que se ponga de un color más oscuro.

Postres

ÁRBOL
de frutas

Para la base
1 manzana grande
1 zanahoria recta grande

Para el árbol
1 mango
200 g de uva blanca
200 g de uva negra
1 kiwi verde
1 kiwi amarillo
un trozo de sandía sin pepitas
300 g de fresas
hierbabuena
3 cucharadas de zumo de limón

Necesitas palillos de diferentes
tamaños y cortapastas de
varias formas

PREPARACIÓN

1 Corta una rodaja del extremo de la manzana para conseguir una base con buen apoyo. Haz un hueco en el extremo opuesto de la base de la manzana e introduce en él la zanahoria, que será el tronco de tu árbol.

2 Pela y corta las frutas dándoles forma con tus cortapastas favoritos. No hagas los trozos muy grandes para que se sujeten mejor. Puedes frotar con unas gotas de zumo de limón las frutas con tendencia a oxidarse más rápidamente.

3 Monta el árbol pinchando palillos de diferentes longitudes en las frutas y a su vez clavándolos en la zanahoria y en la parte superior de la manzana. Emplea los palillos más largos en la manzana y el resto en disminución hacia arriba, para conseguir la forma cónica.

4 Rellena los huecos con ramas de hierbabuena. Deja en un sitio fresco hasta la hora de servir.

CONSEJOS

• El único secreto para triunfar con este postre es comprar buena fruta, que sea dulce y que esté en su punto justo de maduración. Para eso es mejor comprarla con unos días de antelación y que se termine de madurar en casa.

• Puedes servirlo acompañado de un pequeño cuenco con chocolate fundido para cada comensal. ¡Te aseguro que nunca olvidarán este postre!

CARPACCIO
de piña

PREPARACIÓN

1 Pela la piña con un cuchillo afilado, quitándole bien toda la piel. Quítale el corazón con un descorazonador de piñas. Parte la piña en rodajas muy finas. Ponlas sobre papel de cocina para secar el jugo. Una vez escurridas extiende las rodajas en los platos de presentación.

2 Monta la nata con una máquina de varillas. Cuando esté casi montada añade dos cucharadas de azúcar glas.

3 Pon los cacahuetes en el mortero y machácalos suavemente con el mazo hasta que queden troceados. Reserva.

4 Espolvorea una fina capa de azúcar por encima de la piña. Quema el azúcar con el soplete.

5 Esparce por encima unos cuantos cacahuetes troceados.

6 Mete la nata en la manga pastelera. Ponla en el centro del carpaccio de piña. Sirve inmediatamente.

INGREDIENTES PARA 6 PERSONAS

1 piña de buena calidad
2 cucharadas de azúcar
50 g de cacahuetes salados con miel

Para decorar
200 g de nata para montar
2 cucharadas de azúcar glas

Necesitas un cuchillo muy afilado, un descorazonador de piña, un soplete y manga pastelera con boquilla mediana rizada

CONSEJOS

• Puedes sustituir la nata por una bola de helado de vainilla.

• Si no tienes descorazonador de piñas no te preocupes. Si la piña es de buena calidad al ir cortada muy fina no se notará el corazón.

TMX
P. 198

CRUMBLE
de manzana

PREPARACIÓN

1 Precalienta el horno a 200 °C, calor arriba y abajo.

2 Pela las manzanas, quítales el corazón, córtalas en láminas un poco gruesas y repártelas en unos moldes individuales.

3 Prepara la masa mezclando con la mano la harina, la mantequilla en trocitos, el azúcar y el extracto de vainilla, hasta que comience a hacerse migas. Deja reposar en frío 10 minutos. Espolvorea esta masa sobre las manzanas. A mí me gusta hacerlo como ves en la foto, cubriendo solo la mitad, para que se vea el relleno.

4 Baja el horno a 180 °C y mete los moldes de 25 a 30 minutos. El resultado tiene que mostrar una costra dorada.

5 Sácalos del horno.

6 Calienta la mermelada unos 10 segundos en el microondas. Pincela la zona de la manzana para darle un aspecto brillante. El crumble se sirve templado.

INGREDIENTES PARA
4 PERSONAS

3 manzanas reinetas
150 g harina normal
100 g de mantequilla fría
100 g de azúcar
½ cucharadita de extracto
  de vainilla

Para terminar
2 cucharadas de mermelada
  de melocotón

Necesitas 4 moldes redondos
individuales aptos para horno

CONSEJOS

• La receta base del crumble te sirve para cualquier otra combinación de fruta que quieras hacer. Un acompañamiento de lujo es un poco de nata montada bien fría o una bola de helado.

• Puedes ponerle unos copos de avena para subir el punto crujiente del crumble, incluso algún fruto seco troceado.

VASITOS DE CREMA
de licor y chocolate

INGREDIENTES PARA 6 VASITOS

Para la capa de chocolate

1 sobre de 12 g de preparado
  para hacer cuajada azucarada
250 g de leche
150 g de chocolate fondant
250 g de nata para montar

Para la capa de licor

1 sobre de 12 g de preparado
  para hacer cuajada azucarada
200 g de leche
200 g de nata para montar
200 g de crema de licor tipo
  Baileys®

Para adornar

75 g de chocolate

Necesitas un cortapastas

PREPARACIÓN

La capa de chocolate

1 Disuelve el sobre de cuajada en la mitad de la leche y reserva.

2 Trocea el chocolate en un cazo. Añade el resto de leche y la nata en el cazo. Ve removiendo con unas varillas. Cuando rompa a hervir echa la leche con la cuajada. Sigue removiendo y deja a fuego medio durante 1 minuto más.

3 Apoya los vasitos en una superficie de manera que queden inclinados pero estables, por ejemplo, a mí me va muy bien meterlos en los huecos de unos moldes de magdalenas. Reparte la mezcla muy cuidadosamente. Deja enfriar hasta que cuaje o mejor hasta el día siguiente, sin moverlos del sitio.

La capa de licor

1 Pasado ese tiempo prepara la capa de licor. Disuelve el contenido del sobre de cuajada en la mitad de la leche. Reserva.

2 Pon el resto de la leche, la nata y la crema en un cazo y ponlo a fuego medio hasta que hierva. Retira un momento del fuego, añade la leche con la cuajada y vuelve a poner al fuego sin dejar de remover hasta que vuelva a hervir. Apaga el fuego.

3 Pon los vasitos en su posición normal y sirve la crema de licor cuidadosamente. No los muevas hasta que no cuaje.

El adorno

1 Pon a calentar el chocolate en un recipiente al baño maría. Cuando esté fundido extiéndelo con una espátula sobre un papel de hornear y deja que se solidifique.

2 Haz pequeñas chocolatinas con la ayuda de cortapastas con tus formas preferidas y coloca una dentro de cada vasito, una vez hayan cuajado.

CONSEJO

Yo considero que la crema de licor le aporta suficiente dulzor a este postre, y que no requiere azúcar, pero si necesitas un extra de dulzor puedes poner 50 gramos de azúcar a la capa de chocolate.

BIZCOCHO
doble chocolate

PREPARACIÓN

1 Precalienta el horno a 170 °C, calor arriba y abajo. Engrasa el molde.

2 Casca los huevos y ponlos en un cuenco. Añade el azúcar y bate con unas varillas durante 5 minutos.

3 Mete la mantequilla durante 15 segundos en el microondas a máxima potencia. Incorpórala al cuenco y mezcla unos segundos. Añade la harina, el cacao y la levadura tamizada y remueve hasta que la masa esté integrada. Vierte la masa en el molde.

4 Hornea durante 25 minutos aproximadamente. Deja enfriar dentro del molde.

La crema

1 Trocea el chocolate y ponlo en un cuenco.

2 Calienta la nata sin montar en un cazo. Cuando rompa a hervir, échala en el cuenco. Remueve bien hasta que se funda el chocolate.

3 Pon las yemas y el azúcar en un cuenco de cristal. Ponlo en el fuego al baño maría, dentro de un cazo con agua y sin que toque el fondo. Remueve durante 10 minutos.

4 Echa la mezcla en el cuenco del chocolate y la nata, e integra. Vierte inmediatamente por encima del bizcocho. Deja enfriar durante 2 horas.

5 Decora con unas frambuesas.

INGREDIENTES

3 huevos medianos
70 g de azúcar
70 g de mantequilla a
    temperatura ambiente
60 g de harina
1 cucharada sopera de cacao en
    polvo Valor®
8 g de levadura química para
    repostería

Para la crema

200 g de chocolate fondant
200 g de nata para montar
3 yemas de huevo
1 cucharada de azúcar

Para adornar

unas frambuesas

Necesitas un molde redondo desmontable de 22 cm de diámetro

CONSEJO

Anímate a hacer los macarons de la página 124 con las claras de huevo que te sobran de esta receta. Son un obsequio estupendo para regalar a tus invitados.

MILHOJAS DE ARROZ
con leche y mandarina

1 plancha de hojaldre casero
  rápido (ver página 27)

Para la crema de mandarina

1 mandarina
1 huevo mediano
30 g de azúcar
100 g de mantequilla a
  temperatura ambiente

Para la crema de arroz

½ l de leche
1 palo de canela
65 g de azúcar
la cáscara de 1 limón
80 g de arroz
1 cucharada de mantequilla

Para adornar

azúcar glas
unos alquequenjes

Necesitas un cortador cuadrado
de 7 x 7 cm y una manga
pastelera con boquilla rizada
mediana

PREPARACIÓN

La plancha de hojaldre

1 Haz una plancha de hojaldre según las instrucciones de la página 27.

2 Precalienta el horno a 200 °C, calor arriba y abajo.

3 Corta 12 piezas de hojaldre y ponlas en una bandeja sobre papel de hornear. Extiende por encima otro papel de hornear y coloca otra bandeja de horno para impedir que crezcan. Hornea durante unos 20 minutos aproximadamente y deja enfriar sobre una rejilla.

La crema de mandarina

1 Ralla la piel de la mandarina. Haz un zumo con ella. Reserva.

2 Pon en un cuenco la ralladura, el zumo, el huevo y el azúcar. Mezcla y pon al baño maría dentro de un cazo durante 10 minutos. Ve removiendo. Déjala enfriar a temperatura ambiente.

3 Pon la mantequilla en un cuenco. Mientras la bates a velocidad media con las varillas ve añadiendo poco a poco la mezcla anterior.

La crema de arroz

1 Pon la leche en un cazo. Añade el palo de canela, el azúcar y la cáscara de limón. Calienta.

2 Echa el arroz y ponlo a fuego medio-bajo. Ve removiendo de vez en cuando. Cuando el arroz esté cocido retira el palo de canela y la cáscara de limón. En este punto estará casi sin caldo.

3 Echa la cucharada de mantequilla. Da vueltas a fuego muy bajo hasta que se forme una crema (unos 25 minutos aproximadamente). Deja enfriar.

MONTAJE

1 Pon la crema de arroz sobre la primera capa del milhojas con la ayuda de una manga pastelera con boquilla rizada mediana. Pon otra capa de hojaldre y sobre ella la crema de mandarina.

2 Corona con la última capa de hojaldre. Espolvorea con azúcar glas y decora con alquequenjes.

CONSEJO
Puedes tener preparadas las cremas y la masa de hojaldre, y así el día que lo vayas a servir solo tendrás que hornear el hojaldre y montar el dulce.

EL MEJOR BROWNIE
del mundo

PREPARACIÓN

1 Precalienta el horno a 170 °C, calor arriba y abajo.

2 Forra el molde con papel de hornear y engrásalo.

3 Separa las claras de las yemas. Reserva las claras.

4 Pon las yemas, el azúcar moreno y la mitad del azúcar normal en un cuenco. Bate durante 5 minutos con unas varillas —a mano o con máquina—. Reserva.

5 Funde la mantequilla y el chocolate durante 2 minutos en el microondas a máxima potencia. Remueve con unas varillas y comprueba que el chocolate esté bien fundido. Añade esta mezcla a la de las yemas y el azúcar y remueve. Tamiza la harina y el cacao y añádelos. Trocea las avellanas e incorpóralas a la masa.

6 Monta las claras con la máquina de varillas y cuando estén casi montadas añade poco a poco la otra mitad del azúcar. Incorpora al resto de la masa con movimientos envolventes.

7 Hornea 25 minutos a 170 °C y otros 10 minutos más bajando el horno a 160 °C.

8 Saca el molde del horno, desmolda cogiendo el papel de hornear y déjalo enfriar en una rejilla. Una vez frío espolvorea azúcar glas con la ayuda de un colador.

INGREDIENTES PARA 6 PERSONAS

120 g de yemas
200 g de azúcar moreno
225 g de azúcar normal
350 g de mantequilla
200 g de chocolate fondant
75 g de harina
20 g de cacao en polvo sin azúcar
150 g de avellanas tostadas y peladas
180 g de claras

Para adornar
azúcar glas

Necesitas un molde rectangular bajo de 35 x 25 cm aproximadamente

CONSEJO

Es importante que lo saques del molde lo antes posible para que no se siga haciendo con el calor residual: necesitas que por dentro quede jugoso y que la capa exterior sea extracrujiente.

MACARONS
de naranja y limón

INGREDIENTES PARA
72 CONCHAS
–36 MACARONS–

110 g de almendra en polvo
225 g de azúcar glas
125 g de claras de huevo del día
   anterior
50 g de azúcar normal
colorante naranja y amarillo

Para la crema de naranja

75 g de zumo de naranja
75 g de azúcar
120 g de huevos sin cáscara
ralladura de naranja
3,6 g de láminas de gelatina
90 g de mantequilla a
   temperatura ambiente
30 g de mascarpone
50 g de nata montada

Para la crema de limón

125 g de azúcar
la cáscara de 1 limón (solo la
   parte amarilla)
90 g de zumo de limón
60 g de mantequilla
2 huevos medianos

Necesitas una manga pastelera
y una boquilla redonda y lisa
de 6 mm

PREPARACIÓN

Los macarons

1 Tritura la almendra en polvo y el azúcar glas con un robot durante 30 segundos a velocidad máxima hasta obtener un polvo muy fino. Tamiza la mezcla. Reserva.

2 Bate las claras hasta que estén muy firmes. Añade casi al final los 50 g de azúcar normal. Divide este merengue en dos cuencos y añade sobre cada uno la mitad de la mezcla de almendra y azúcar. Añade en uno el colorante naranja y en el otro, el amarillo.

3 Mezcla hasta conseguir una masa lisa y brillante pero no líquida. Llena la manga pastelera y haz montoncitos de masa. Deja reposar, de media hora a hora y media, hasta que se forme una ligera costra.

4 Precalienta el horno a 150 °C, calor arriba y abajo, sin aire. Hornea a esa temperatura durante 13 minutos. Saca los macarons del horno, déjalos enfriar y despégalos.

La crema de naranja

1 Pon el zumo de naranja, el azúcar, los huevos y la ralladura en un cazo al fuego. Mezcla, y sin dejar de remover, mantén en el fuego durante 1 minuto. Retira.

2 Pon la gelatina en agua fría durante unos minutos. Escúrrela, añádela a la crema, remueve y mete en el frigorífico hasta que esté a 40 °C. Pon la mantequilla y remueve. Vuelve a meter en el frigorífico.

3 Cuando esté fría añade el mascarpone y la nata montada. Mezcla bien.

La crema de limón

1 Muele el azúcar con un robot potente. Pon la cáscara del limón y vuelve a moler.

2 Ponlo en un cazo al fuego. Añade el zumo, la mantequilla y los huevos y mantén al fuego unos 12-15 minutos, removiendo constantemente. Retira del fuego, pon en un cuenco y en cuanto esté templado, pon un plástico transparente tocando la crema para que no se forme costra. Reserva.

CONSEJO ....

Es mejor que rellenes los macarons de un día para otro, para
que las conchas se sequen y no
se peguen al paladar.
....

Dulces de Navidad

TMX
P. 200

POLVORONES
de avellana

INGREDIENTES PARA
6-8 PERSONAS

200 g de harina de repostería
100 g de avellanas crudas con
   piel
100 g de azúcar glas
100 g de manteca de cerdo
   ibérico
azúcar glas para adornar

Necesitas un cortapastas

PREPARACIÓN

La víspera

1 Precalienta el horno a 130 °C, calor arriba y abajo.

2 Pon la harina en una bandeja e introdúcela 30 minutos en el horno, moviéndola de vez en cuando con la espátula. Saca del horno y deja reposar hasta el día siguiente.

3 Pon también las avellanas en una bandeja en el horno, a la misma temperatura, hasta que estén tostadas, que es cuando la piel se desprende con facilidad. Tritura y reserva.

El día D

1 Pon la harina en forma de volcán y las avellanas molidas en un cuenco. Añade el azúcar y la manteca semiderretida en el centro. Amasa hasta que notes que se van uniendo todos los ingredientes. Te debe quedar una textura como de arena gruesa. Forma una bola un poco aplanada, envuélvela en plástico transparente y métela en el frigorífico durante una hora.

2 Saca la masa del frigorífico. Ponla entre dos láminas de plástico transparente y pasa un rodillo para igualar la superficie. Quita el plástico y deposítala en la encimera espolvoreada con un poco de harina. Ve haciendo los polvorones con el cortapastas que más te guste. Junta de nuevo la masa sobrante, y vuelve a pasar el rodillo por la superficie para igualar. Deja reposar una hora en un sitio fresco.

3 Precalienta el horno 180 °C, calor arriba y abajo. Hornea a altura media, durante 20 minutos, dándole un toque de *grill* un par de minutos antes de finalizar el horneado.

4 Sácalos del horno. Cuando estén fríos, espolvoréalos con abundante azúcar glas con la ayuda de un colador.

CONSEJO

Puedes encontrar los papeles para envolverlos en tiendas especializadas. ¡Vas a dejar asombrados a tus invitados con este acabado profesional!

COQUITOS

PREPARACIÓN

1 Pon todos los ingredientes de la crema pastelera en un cazo a fuego medio, y no dejes de remover hasta que veas que espesa. Retira del fuego, échala en un cuenco y déjala templar.

2 Precalienta el horno a 180 °C, calor arriba y abajo.

3 Incorpora el resto de los ingredientes a la crema pastelera y mezcla con una espátula hasta que esté bien integrado.

4 Pon la crema en la manga pastelera y deposita los coquitos de unos 3 cm de alto sobre una bandeja con papel de hornear.

5 Hornea durante 15 minutos, hasta que queden dorados por fuera y tiernos por dentro.

INGREDIENTES PARA 24 UNIDADES

Para la crema pastelera

200 g de leche

50 g de azúcar

1 huevo

20 g de maicena

1 cucharadita de aroma de vainilla

Para los coquitos

la crema pastelera

100 g de azúcar

1 huevo

25 g de miel

200 g de coco rallado

Necesitas una manga pastelera con boquilla rizada grande

CONSEJO

Si quieres hacer una versión distinta, muy sencilla, haz un merengue con 3 claras de huevo y 250 g de azúcar. Añade 250 g de coco y 10 g de maicena. Mezcla con cuidado y deposita cucharadas de esta masa sobre papel de hornear. Precalienta el horno a 110 °C. Hornea durante casi 1 hora.

TRUFAS
de chocolate

INGREDIENTES PARA 30 UNIDADES

325 g de chocolate fondant
250 g de nata para montar
25 g de brandi
100 g de fideos de chocolate

PREPARACIÓN

1 Trocea el chocolate y ponlo en un cuenco.

2 Calienta la nata, y justo antes de que rompa a hervir, échala encima del chocolate. Remueve.

3 Añade el brandi. Vuelve a mezclar.

4 Pon la pasta de chocolate en un cuenco, tápalo con plástico transparente pegado a la pasta y deja reposar de un día para otro.

5 Haz bolitas de unos 25 g cada una.

6 Rebózalas con los fideos de chocolate.

7 Mantenlas muy frías hasta el momento de consumir.

CONSEJO

Mete los fideos de chocolate en una bolsa tipo *zip*, deposita una trufa dentro de la bolsa y con cuidado ve moviéndola: la trufa queda perfectamente rebozada sin ningún esfuerzo.

MARQUESAS

PREPARACIÓN

1 Precalienta el horno a 180 °C, calor arriba y abajo.

2 Lava el limón y sécalo. Ralla su cáscara y mézclala con las almendras y el azúcar glas.

3 Bate los huevos con el azúcar normal. Añádelos a la mezcla anterior.

4 Tamiza la harina y la maicena. Incorpóralo a la mezcla junto con la levadura. Mezcla bien con una espátula.

5 Reparte la masa en las cápsulas.

6 Hornea a 180 °C durante 20 minutos o hasta que se doren muy suavemente.

7 Deja enfriar. Espolvorea con azúcar glas.

INGREDIENTES PARA 21 PIEZAS

la ralladura de 1 limón pequeño

200 g de almendra molida sin tostar

70 g de azúcar glas

3 huevos medianos

110 g de azúcar normal

30 g de harina

30 g de maicena

½ cucharadita de levadura

Para adornar

azúcar glas

Necesitas unas cápsulas cuadradas de 40 mm de lado

CONSEJO

Si quieres hacer unas marquesas de chocolate añade a la masa dos cucharadas de cacao en polvo y no pongas harina, solo la maicena.

ROLLETES
de anís

la corteza de 1 limón
125 g de aceite de oliva virgen
   extra
250 g de harina de repostería
100 g de anís dulce (licor)

Para adornar
azúcar normal

PREPARACIÓN

1 Precalienta el horno a 180 °C, calor arriba y abajo.

2 Lava y seca el limón. Pela la parte amarilla de la piel del limón, llevándote la menor cantidad posible de la parte blanca.

3 Pon el aceite en un cazo al fuego. Fríe la piel del limón y retírala.

4 Ten preparada la harina en un cuenco que aguante el calor. Echa por encima el aceite caliente y remueve con una cuchara de madera.

5 Añade el anís y mezcla todo bien. Amasa unos minutos hasta conseguir una masa bien integrada.

6 Corta piezas de 40 gramos cada una. Haz una bola con cada una de ellas.

7 Estira cada una haciendo un cordón y ciérrala sobre sí misma formando una rosquilla. Presiona un poco en el punto de cierre. Pon los rolletes en una bandeja de horno.

8 Hornea a 180 °C durante 35 minutos aproximadamente.

9 Pon el azúcar en un tazón y ve rebozando los rolletes uno por uno, recién salidos del horno, en cuanto los puedas manipular sin quemarte.

Estos dulces, junto con los mantecados, me transportan a mi niñez, cuando mi bisabuela los hacía por Navidad y se horneaban en el horno de la panadería La Golondrina, en Cuenca.

CONSEJO

Puedes cambiar el anís por aguardiente; quedan igualmente ricos.

CRUJIENTES
de chocolate con leche

PREPARACIÓN

1 Trocea las frutas deshidratadas en pequeños dados. Mézclala con las almendras, el arroz inflado y los cacahuetes.

2 Trocea el chocolate y caliéntalo al baño maría poniéndolo en un cuenco metido a su vez en un cazo con agua, sin que toque el fondo del cazo, y a fuego medio.

3 Una vez fundido deja enfriar hasta que esté a 35 °C. Si tienes un termómetro para alimentos es muy sencillo; si no, coge una pizca con el dedo y no debes notar que está caliente.

4 Echa el resto de ingredientes dentro del chocolate y mezcla enérgicamente.

5 Extiende un papel de hornear sobre la encimera. Ve formando las piezas metiendo porciones de la mezcla de chocolate en el aro de emplatar.

6 Ralla la piel de la lima sin llegar a la parte blanca. Espolvorea los crujientes con la ralladura.

7 Deja que solidifiquen a temperatura ambiente.

8 Retira del papel de hornear y guarda en una bombonera.

INGREDIENTES PARA 20 UNIDADES

50 g de frutas deshidratadas
120 g de almendras troceadas
25 g de arroz inflado chocolateado
50 g de cacahuetes troceados
300 g de chocolate con leche
la ralladura de 1 lima

Se necesita un aro de emplatar de 5 o 6 cm de diámetro

CONSEJO

Busca una buena marca de chocolate con leche, aunque también lo puedes hacer con uno negro que te guste. Pero no dejes de ponerle el toque cítrico de la lima: acentúa todos los sabores y lo convierte en un dulce absolutamente exquisito.

BESOS
de novia

INGREDIENTES PARA 16 UNIDADES

4 yemas de huevo
125 g de azúcar
125 g de almendra molida cruda

Necesitas moldes de silicona pequeños o cápsulas de magdalenas de tamaño pequeño

PREPARACIÓN

1 Precalienta el horno a 180 °C, calor arriba y abajo.

2 Pon las yemas y el azúcar en un cuenco y bátelas con una máquina de varillas durante 5 minutos.

3 Añade la almendra molida y remueve.

4 Forma unas bolitas con las manos y ponlas en los moldes.

5 Hornea a 180 °C durante 20 o 25 minutos hasta que estén doradas.

CONSEJO

Con la misma cantidad de almendra y azúcar pero usando las claras a punto de nieve, puedes hacer otro dulce estupendo. Mezcla los ingredientes, deposita pequeños montoncitos de la masa en trozos de oblea y hornea a 180 °C hasta que se doren.

TMX
P. 203

MANTECADOS
manchegos

INGREDIENTES PARA 14 UNIDADES

170 g de manteca de cerdo ibérico a temperatura ambiente
125 g de harina de fuerza
125 g de harina de repostería
una pizca de sal
la ralladura de ½ naranja
la ralladura de ½ limón
50 g de vino blanco
10 g de zumo de naranja

Para la terminación
azúcar normal

Necesitas unos cortapastas

PREPARACIÓN

1 Pon la manteca en un cuenco y bate durante 10 minutos con unas varillas o una máquina eléctrica de varillas. Añade el resto de los ingredientes y amasa durante 5 minutos. Forma una bola un poco aplanada. Envuelve en plástico transparente y deja reposar en un sitio fresco durante la noche.

2 Pon un poco de harina en la encimera. Extiende la bola de masa con la ayuda de un rodillo. Dobla un tercio hacia el centro, luego el otro. Gíralo 90° en el sentido de las agujas del reloj. Ya tienes la primera vuelta.

3 Repite el proceso extendiendo otra vez la masa hasta formar un rectángulo y haciendo los dobleces de nuevo. Es la segunda vuelta. Envuélvela en plástico transparente y métela en el frigorífico durante media hora.

4 Repite una vez más el proceso, para completar la tercera y cuarta vueltas. Enfría de nuevo de veinte minutos a media hora.

5 Precalienta el horno a 200 °C, calor arriba y abajo.

6 Repite el proceso una última vez para conseguir la quinta y sexta vueltas. Solo queda meterla de nuevo en el frigorífico 1 hora para que esté lista para usar.

7 Corta la masa con los cortapastas y hornea 10 minutos a 200 °C. Baja el horno a 180 °C y termina de hornear otros 10 minutos, o hasta que los veas un poco dorados. Sácalos y rebózalos en caliente, en cuanto puedas manipularlos, con azúcar. Déjalos enfriar en rejilla.

CONSEJOS

• Puedes hacer piezas más pequeñas y cuando se enfríen rebozarlas en azúcar glas: tendrás unas deliciosas hojaldrinas.

• Te puede venir bien para el proceso echarle una ojeada a las fotos de la receta de hojaldre rápido de la página 27.

TURRÓN
blando

PREPARACIÓN

1 Pon las almendras, las avellanas, el azúcar y la miel en un cuenco y mezcla.

2 Vierte la clara en un cuenco y bate ligeramente. Sin dejar de remover, incorpórala poco a poco a la mezcla anterior.

3 Pon un rectángulo de papel de hornear del tamaño de la base del molde dentro del mismo.

4 Echa la pasta encima, compactándola con tus manos hasta formar la clásica barra de turrón.

5 Pon otro papel de hornear por encima. Coloca algo de peso sobre la pasta de tal manera que no apoye en el borde del molde, y pueda bajar libremente. A mí me resultan muy cómodos para esto los *bricks* de leche.

6 Déjalo reposar a temperatura ambiente, pero en un sitio fresco y seco, de dos a tres días.

7 Quita el papel de hornear y ¡listo!

INGREDIENTES

130 g de almendras peladas crudas molidas
130 g de avellanas molidas
250 g de azúcar glas
50 g de miel
1 clara de huevo grande

Necesitas un molde rectangular de 21 x 8,5 cm

CONSEJO

Puedes hacer tus modificaciones a la receta cambiando unos frutos secos por otros, pero siempre respetando las proporciones.

TURRÓN
de chocolate

INGREDIENTES

100 g de chocolate con leche
con avellanas troceadas

100 g de chocolate con leche
con almendras troceadas

130 g de chocolate negro para
postres

45 g de manteca de cerdo
ibérico

50 g de arroz crujiente inflado
y chocolateado

Necesitas un molde rectangular
de 20 x 10,5 cm

PREPARACIÓN

1 Trocea los chocolates. Fúndelos al baño maría poniéndolos en un cuenco metido a su vez en un cazo con agua, sin que toque el fondo del cazo, y a fuego medio. También los puedes calentar en el microondas a mínima potencia, vigilando cada 30 segundos el proceso, para que no se quemen.

2 Derrite la manteca metiéndola unos segundos en el microondas.

3 Cuando los chocolates estén fundidos, añade la manteca, remueve bien y deja enfriar un poco hasta que el chocolate esté a unos 35 °C. Si no tienes termómetro lo sabrás cuando cojas una pizca con el dedo y no notes que está caliente.

4 Añade los cereales de arroz crujiente chocolateado y remueve bien con una espátula.

5 Deposita esta pasta en un molde de silicona. Enrasa con la espátula. Levanta un poco el molde y dale unos golpecitos contra la encimera para que salga el aire que haya quedado atrapado. Deja reposar de un día para otro.

CONSEJOS

• Puedes sustituir la manteca de cerdo por manteca de cacao, si lo prefieres.

• También puedes añadirle cualquier fruto seco que te guste y cambiar el sabor de los chocolates. Está riquísimo con chocolate a la naranja y con trocitos de mandarina confitada.

TURRÓN
de yema

INGREDIENTES PARA
6 PERSONAS

3 yemas de huevo
125 g de azúcar normal
40 g de agua
1 vaina de vainilla
250 g de almendra marcona
   cruda molida
30 g de azúcar glas

Para terminar
1 yema de huevo
2 cucharadas colmadas de
   azúcar

Necesitas papel de hornear,
un molde rectangular de
21 × 8,5 cm y un soplete

PREPARACIÓN

1 Pon en un cuenco las yemas de huevo.

2 Echa en un cazo el azúcar normal y el agua. Ponlo al fuego. Cuando lleve unos 5 minutos hirviendo, comprueba que la temperatura es de 115 °C. Si no tienes termómetro fíjate cuando el almíbar esté espeso. Retira del fuego y ve echándolo como un hilo encima de las yemas mientras las remueves.

3 Abre la vaina de vainilla por la mitad a lo largo. Raspa el interior con el canto del cuchillo para desprender las semillas.

4 Añade las semillas de vainilla, la almendra y el azúcar glas al cuenco de las yemas. Mezcla todo.

5 Pon un rectángulo de papel de hornear del tamaño de la base del molde dentro del mismo.

6 Ve poniendo la masa con tus manos, repartiéndola y compactándola bien con tus dedos.

7 Pon otro papel de hornear por encima. Coloca algo de peso sobre la pasta de turrón de tal manera que no toque el molde. Ya te he comentado antes que me resultan muy cómodos para esto los *bricks* de leche.

8 Déjalo reposar en un sitio fresco de 24 a 48 horas.

9 Quita el peso. Bate la yema con el azúcar y extiéndela con una espátula en una de las caras del turrón. Pon abundante azúcar normal por encima e inmediatamente quema la superficie con un quemador o un soplete.

CONSEJO ....

Puedes versionarlo poniendo avellana en vez de almendra, ¡te sorprenderá lo rico que está!

....

Desayunos
y meriendas

QUICHE
Lorraine

INGREDIENTES PARA 6 PERSONAS

1 plancha de masa quebrada
   (ver página 25)
150 g de beicon ahumado
1 trozo de queso parmesano
   de unos 100 gramos
400 g de nata líquida para
   montar
3 huevos
3 yemas de huevo
una pizca de sal
pimienta
un poco de mantequilla para
   engrasar el molde

Necesitas un molde desmontable
rizado alto de 20 cm de diámetro

PREPARACIÓN

1 Precalienta el horno a 180 °C, calor arriba y abajo.

2 Extiende la plancha sobre la encimera y pínchala repetidamente con un tenedor. Engrasa el molde con mantequilla y coloca la plancha de masa quebrada sobre él, apoyándola por el lado que has pinchado. Retira la masa sobrante, pasando un rodillo por los bordes. Mete en el frigorífico durante 15 minutos.

3 Pasado este tiempo, pon un papel de hornear encima de la masa, echa bolitas de cerámica —o legumbres que tengas para este fin—, repártelas bien y hornea durante unos 10 minutos. Saca del horno, quita las bolitas y vuelve a meter en el horno otros 5 minutos.

4 Mientras haces este horneado, trocea el beicon en dados pequeños. Escáldalo en agua hirviendo unos segundos y sécalo con papel de cocina. Pásalo por una sartén pequeña a fuego lento durante 5 minutos. Ponlo a escurrir en papel absorbente.

5 Ralla el queso y repártelo por la masa junto con el beicon.

6 Pon la nata, los huevos, las yemas, una pizca de sal y la pimienta en un cuenco. Bate. Vierte por encima del queso y del beicon.

7 Hornea a 180 °C durante 15 minutos. Pon un papel de hornear por encima de la quiche, baja la temperatura del horno a 150 °C y prolonga el horneado hasta que veas que la masa ha cuajado, aproximadamente otros 15 minutos más, y siempre vigilando que no se te queme la masa quebrada. Al final del horneado, comprueba que la quiche está lista metiendo un palillo. Sirve caliente o templada.

CONSEJOS

• La receta francesa original usa tocino ahumado y queso gruyer, ¡puedes probar a hacer estos cambios!

• Puedes hacer el dibujo de la masa dándole forma con tus dedos, una vez puesta en el molde.

RUEDAS
de bonito

INGREDIENTES PARA 8 RUEDAS

1 huevo

1 cebolla grande

250 g de bonito en aceite escurrido

unas aceitunas verdes sin hueso

2 cucharadas de aceite de oliva virgen extra

200 g de tomate frito casero

2 planchas de hojaldre (ver página 27)

1 huevo batido

Necesitas un cortapastas de rueda rizado

Esquema

PREPARACIÓN

El relleno

1 Cuece el huevo contando 10 minutos desde que rompa a hervir el agua.

2 Trocea la cebolla en dados pequeños. Escurre el bonito y desmígalo. Pica el huevo duro y parte las aceitunas en trozos pequeños.

3 Pon el aceite en una sartén. Cuando esté caliente sofríe la cebolla.

4 Cuando la cebolla esté frita, añade el bonito desmigado, el tomate frito, el huevo duro y las aceitunas. Remueve. Deja enfriar y reserva.

El hojaldre

1 Precalienta el horno a 200 °C, calor arriba y abajo.

2 Divide cada plancha de hojaldre en 4 rectángulos. Divide el relleno en 8 partes.

3 Toma un rectángulo de hojaldre. Haz unos cortes con el cortapastas de rueda, paralelos al lado largo, separados entre sí 1 cm aproximadamente, desde un borde y hasta unos 8 cm del otro, tal y como puedes ver en el esquema.

4 Pon una parte de relleno en la zona del hojaldre libre de los cortes. Comienza a enrollar por la zona del relleno hasta acabar por la zona con los cortes.

5 Une los extremos del rollito que te ha quedado, y sella el cierre con tus dedos. Pincela con huevo batido. Hornea a 200 °C durante 20 o 22 minutos, hasta que estén doradas.

CONSEJO

Puedes hacerlas con carne picada de ternera en vez de bonito. Para ello sofríe la carne cuando esté lista la cebolla.

CARACOLAS
de jamón de York y queso

PREPARACIÓN

1 Precalienta el horno a 200 °C, calor arriba y abajo.

2 Extiende la plancha de hojaldre. Reparte bien el tomate frito sobre el hojaldre. Coloca encima el jamón de York, una loncha al lado de otra hasta cubrir por completo toda la plancha. Haz lo mismo con el queso. Espolvorea con orégano. Pon la otra plancha de hojaldre por encima y presiona ligeramente una plancha contra otra con un rodillo —o con las manos—. Mete en el frigorífico durante 15 minutos, o durante 5 en el congelador.

3 Con la ayuda de un cortapastas de rueda corta unas tiras a lo largo de unos 2,5 cm de ancho *(Paso 1)*.

4 Coge cada tira por los extremos con las manos y retuércela *(Paso 2)*..

5 Enrolla cada tira en espiral. Introduce el extremo por debajo de la espiral y sella el extremo presionando un poco *(Paso 3)*. Pincela con huevo batido.

6 Hornea a 220 °C los 10 primeros minutos. Baja el horno a 180 °C y termina de hornear durante unos 10 o 12 minutos más, aproximadamente, hasta que las veas doradas. Saca a una rejilla y deja enfriar.

INGREDIENTES PARA 14 UNIDADES

2 planchas de hojaldre rápido (ver página 27)
4 cucharadas de tomate frito casero
250 g de jamón de York en lonchas
9 lonchas de queso
un poco de orégano
1 huevo

Necesitas un cortapastas de rueda rizado

Paso 1

Paso 2

Paso 3

CONSEJO

Puedes cambiar el relleno salado por uno dulce: crema de cacao, mantequilla o tu mermelada favorita.

BIZCOCHO
de turrón

INGREDIENTES

5 huevos
200 g de azúcar
300 g de nata con 35 %
 de materia grasa
150 g de turrón blando de
 Jijona
270 g de harina normal
12 g de levadura química
 o polvos de hornear
una pizca de sal

Necesitas un molde *Bundt
Heritage* o uno redondo de
24 cm de diámetro

PREPARACIÓN

1 Precalienta el horno a 170 °C, calor arriba y abajo. Engrasa el molde con mantequilla derretida.

2 Separa las claras de las yemas. Pon el azúcar y las yemas en un cuenco. Bátelas con una máquina de varillas durante 5 minutos, hasta que veas que la masa blanquea.

3 Mientras sigues batiendo a una velocidad baja, añade la nata poco a poco.

4 Echa el turrón desmigado sin dejar de batir.

5 Incorpora la harina tamizada y la levadura e integra en la masa, ayudándote de unas varillas, pero sin batir demasiado.

6 Pon las claras en otro cuenco con una pizca de sal y móntalas a punto de nieve. Una vez montadas incorpóralas en dos veces a la masa principal, removiendo con una espátula cada vez con movimientos envolventes, pero con firmeza porque la mezcla es espesa.

7 Vierte la masa en el molde. Dale un par de golpecitos al molde contra la encimera.

8 Mete en el horno sobre una rejilla a altura media. Hornea durante unos 45 minutos. Los primeros 35 minutos a 170 °C y los últimos 10 a 160 °C.

9 Saca del horno. Una vez pasados 10 minutos fuera del horno, desmolda.

CHOUQUETTES

PREPARACIÓN

1 Precalienta el horno a 180 °C, con aire y calor arriba y abajo.

2 Elabora una masa *choux* según las instrucciones de la página 29.

3 Prepara la manga pastelera y la boquilla redonda de 8 mm. Retuerce la bolsa unos dos giros completos y empuja con el dedo la parte retorcida de la manga un poco arrugada dentro de la boquilla. Llena la manga pastelera con la masa *choux*.

4 Coge una placa de hornear antiadherente. Con la manga pastelera completamente vertical ve formando bolitas de unos 3 cm de diámetro, dejando entre ellas una separación de otros 3 cm, y disponiéndolas alternadas en las filas para que el aire les llegue a todas por igual.

5 Casca el huevo en un cuenco y bátelo bien. Unta cada pieza con huevo, delicadamente y con un pincel —mejor de silicona—, procurando emplear la mínima cantidad de huevo posible.

6 Pon abundante azúcar en grano encima de cada pieza. Elimina el azúcar restante inclinando la bandeja contra la encimera.

7 Hornea a 180 °C con aire durante 20 minutos. Saca la bandeja, despega las *chouquettes* con cuidado, y déjalas enfriar.

INGREDIENTES PARA 25 *CHOUQUETTES*

300 g de masa *choux* (ver página 29)
1 huevo
200 g de azúcar en grano del número 10

Necesitarás una manga pastelera, una boquilla lisa del n.º 8 o 10 y un pincel

CONSEJOS

• El azúcar en grano grueso se encuentra de manera fácil en internet y en tiendas de ingredientes de repostería.

• Cuando pinceles las *chouquettes* con huevo, hazlo con cuidado y procurando que no chorree, porque si lo hace, cuando eches el azúcar se quedará pegado a la bandeja y se quemará en el horneado.

BRIOCHE
de Nutella®

INGREDIENTES

30 g de levadura fresca de
  panadería
180 g de leche templada
450 g de harina de fuerza
70 g de azúcar
una pizca de sal
2 yemas
30 g de mantequilla a
  temperatura ambiente

Para el relleno
100 g de Nutella®

Para terminar
1 yema de huevo

Esquema

PREPARACIÓN

1 Disuelve la levadura en la leche templada. Pon la harina, el azúcar y la sal en un cuenco. Mezcla bien.

2 Haz un volcán dentro del propio cuenco y pon las yemas, la leche con la levadura y la mantequilla en él. Trabaja la mezcla con las manos y amasa hasta formar una masa suave. Forma una bola y déjala reposar en un cuenco tapada con un plástico transparente hasta que doble su volumen.

3 Corta la masa en 4 partes iguales y haz 4 bolas. Pon un poco de harina sobre la encimera y extiende cada bola con un rodillo. Te saldrán 4 discos de unos 25 cm de diámetro y 2 mm de espesor aproximadamente.

4 Calienta la Nutella® unos segundos en el microondas para que esté más fluida. Pon un disco sobre la encimera. Extiende la Nutella® sobre él hasta 1 cm del borde y cubre con otro disco. Repite el paso anterior dos veces para cerrar con el cuarto disco. Presiona un poco en el borde para sellar los cuatro discos.

5 Coloca el *brioche* sobre un papel de hornear y mete en el congelador durante 10 minutos. Pasado este tiempo, sácalo. Marca el centro con un vaso pequeño, sin llegar a cortar la masa. Realiza 16 cortes a intervalos regulares con un cuchillo afilado partiendo de la marca del vaso hasta el borde, según el esquema.

6 Te quedará mejor si empiezas con 2 cortes enfrentados, los 2 siguientes en cruz, los 4 siguientes dividiendo por la mitad las 4 porciones, para terminar dividiendo a su vez por la mitad las 8 porciones con los últimos 8 cortes.

7 Toma entre tus manos los extremos de dos porciones adyacentes y retuércelos en sentido contrario 2 veces hasta dar 1 vuelta completa. Sella los dos bordes entre sí presionando con los dedos. Repite el procedimiento con los otros 7 pares de porciones. Deja levar durante 30 minutos.

8 Precalienta el horno a 180 °C, calor arriba y abajo, antes de que acabe el levado. Pincela con yema de huevo la superficie. Hornea durante 25 minutos aproximadamente.

GALLETAS
de invierno

PREPARACIÓN

1 Pon la mantequilla en un cuenco. Mientras bates con unas varillas o con una máquina eléctrica de varillas, ve añadiendo el azúcar. Sin dejar de batir agrega el huevo. Añade la harina mientras sigues batiendo. Cuando lleves incorporada la mitad tendrás que seguir amasando a mano mientras añades el resto.

2 Desmenuza el turrón, mézclalo y amasa. Envuelve la masa en plástico transparente y déjala reposar media hora en el frigorífico.

3 Precalienta el horno a 200 °C, calor arriba y abajo.

4 Coge porciones de masa y forma con tus manos unas bolas de unos 40 gramos.

5 Echa un poco de harina en la encimera y coloca la bola de masa sobre ella. Pon el sello encima, también enharinado, y aprieta a fondo de manera uniforme. Retira el sello y corta el resto de masa que sobresale por los bordes con un cortapastas redondo o un vaso del diámetro del sello. Coloca las galletas sobre un papel de hornear extendido en una bandeja de horno. Deja enfriar en el frigorífico unos 15 minutos.

6 Baja el horno a 180 °C y hornea durante 15 minutos aproximadamente. Saca a una rejilla y deja enfriar.

INGREDIENTES PARA 30 UNIDADES

100 g de mantequilla a temperatura ambiente
65 g de azúcar
1 huevo grande
250 g de harina de repostería
200 g de turrón de Jijona

Necesitas unos sellos para galletas y un cortapastas redondo del tamaño del sello

CONSEJOS

• Si no tienes sellos puedes extender la masa con la ayuda de un rodillo y usar tu cortapastas favorito.

• Si no tuvieras turrón, puedes hacer las galletas de la misma manera, pero con nata y con estas medidas: 300 g de mantequilla a temperatura ambiente, 200 g de azúcar glas, 1 huevo, 75 g de nata y 500 g de harina de repostería.

BIZCOCHO
de manzanas y pasas

INGREDIENTES

100 g de pasas

50 g de brandi

220 g de mantequilla a
temperatura ambiente

150 g de azúcar

4 huevos grandes

2 manzanas reineta grandes

½ cucharadita de canela

75 g de almendra molida

200 g de harina de repostería

12 g de levadura química

azúcar glas para decorar

Necesitas un molde *Bundt
Stained Glass* o un molde
desmontable redondo de
24 cm de diámetro

PREPARACIÓN

1 Pon a macerar las pasas en el brandi unas dos horas antes de hacer el bizcocho.

2 Precalienta el horno a 160 °C, calor arriba y abajo. Engrasa el molde.

3 Bate la mantequilla y el azúcar con unas varillas o una máquina eléctrica de varillas durante 5 minutos. Añade los huevos y vuelve a batir otros 5 minutos.

4 Pela las manzanas y rállalas. Reserva. Saca las pasas del brandi, sécalas con papel de cocina, y enharínalas. Reserva.

5 Incorpora las manzanas, el brandi, la canela, la almendra molida, la harina de repostería tamizada y la levadura a la masa. Mezcla con una espátula hasta que esté todo bien integrado. Por último añade las pasas y remueve, para que queden bien repartidas. Echa la masa en el molde.

6 Hornea a 160 °C durante 1 hora aproximadamente.

7 Saca el bizcocho del horno, déjalo sobre una rejilla 10 minutos y, pasado ese tiempo, desmolda. Cuando esté frío espolvorea azúcar glas con la ayuda de un colador.

CONSEJO

Si te gustan los bizcochos más especiados, añade un poco de nuez moscada y unos piñones tostados.

KRINGLE
Estonia

INGREDIENTES

120 g de leche
15 g de levadura fresca
25 g de miel
30 g de mantequilla
1 yema de huevo
300 g de harina de fuerza
una pizca de sal

Para el relleno

75 g de mantequilla
3 cucharadas de azúcar
2 cucharadas de canela

Para la cobertura

2 cucharadas de mantequilla
   a temperatura ambiente
2 cucharadas de azúcar

PREPARACIÓN

1 Pon la leche templada en un cuenco, añade la levadura desmenuzada y remueve con unas varillas. Añade la miel, la mantequilla y la yema de huevo. Mezcla. Incorpora la harina y la sal, y amasa durante 10 minutos hasta formar una masa homogénea. Haz una bola y déjala reposar en un cuenco aceitado durante 2 horas, o hasta que doble su volumen.

2 Pasado ese tiempo deposita la masa en la encimera, estírala con ayuda de un rodillo y forma un rectángulo de aproximadamente 55×40 cm. Si ves que no estira bien, ten paciencia: deja reposar la masa unos 5 minutos y sigue estirándola.

3 Pon en un cuenco los ingredientes del relleno y bate con unas varillas durante 1 minuto. Extiende esta crema por toda la superficie de la masa. Enrolla la masa por el lado más largo.

4 Corta este rollo por la mitad en sentido longitudinal con un cuchillo afilado, pero sin llegar al final. Trenza con el corte hacia arriba y ciérrala a modo de corona, introduciendo el final por el primer ojo de la trenza.

5 Mezcla los ingredientes de la cobertura. Reparte por encima de la trenza.

6 Precalienta el horno a 200 °C.

7 Hornea durante 15 minutos a esta temperatura. Baja el horno a 180 °C y termina de hornear otros 10 minutos o hasta que veas que está dorada.

CONSEJO

Puedes rellenarla como más te guste, e incluso hacer una versión salada con sobrasada.

ROSCÓN
de Reyes

PREPARACIÓN

La masa de arranque

1 Templa la leche y deshaz la levadura en ella. Mezcla con el resto de los ingredientes y forma una bola. Llena un cuenco con agua templada y mete la bola en él. Flotará en unos 10 minutos. Si no flota sigue adelante igualmente con la receta.

La masa principal

1 Deshaz la levadura en la leche tibia. Tamiza la harina en un cuenco y haz un volcán. Añade en el centro el resto de ingredientes, la masa de arranque y la mezcla de leche y levadura. Mezcla de manera enérgica.

2 Aceita la encimera y vuelca la masa. Amasa con las manos aceitadas. Cuando la mezcla esté elástica, haz una bola y deja en un cuenco aceitado hasta que doble su tamaño. Saca la masa del cuenco y divídela en dos. Haz dos bolas. Deja reposar 5 minutos.

3 Hinca los dedos en el centro de cada bola y agranda el agujero hasta formar el roscón. Si la masa se encoge déjala reposar 10 minutos. Coloca sobre una bandeja de horno con papel de hornear. Deja reposar hasta que doblen su volumen.

4 Precalienta el horno a 200 °C, calor arriba y abajo.

5 Pincela con huevo batido, muy suavemente, y adorna con frutas confitadas y azúcar humedecido con unas gotas de agua.

6 Hornea entre 15 y 18 minutos. Baja el horno a 180 °C los últimos 10 minutos. Si ves que se tuesta demasiado, pon un papel de aluminio por encima. Saca y deja reposar sobre una rejilla.

INGREDIENTES PARA
2 ROSCONES MEDIANOS

La masa de arranque
70 g de leche entera
10 g de levadura fresca
130 g de harina de fuerza
1 cucharadita de azúcar

La masa
450 g de harina de fuerza
20 g de levadura fresca
60 g de leche entera
2 huevos grandes
120 g de azúcar glas
    aromatizado con la piel de
    ½ limón y de 1 naranja
70 g de mantequilla a
    temperatura ambiente
un pellizco de sal
25 g de agua de azahar

Para la decoración
huevo batido
azúcar
naranjas confitadas
guindas en almíbar

CONSEJO

Al dejar levar el roscón puedes poner un aro de emplatar aceitado en el centro para que la masa no crezca hacia dentro.

GALLETAS
Springerle

INGREDIENTES PARA 8 PERSONAS

¼ de cucharadita de *hartshorn* (carbonato amónico)
1 cucharada de leche
3 huevos grandes a temperatura ambiente
una pizca de sal
340 g de azúcar glas
55 g de mantequilla sin sal a temperatura ambiente
¼ de cucharadita de aroma concentrado de anís
400 g de harina de repostería
100 g de maicena

Necesitas un molde para galletas Springerle

PREPARACIÓN

1 Mezcla el *hartshorn* con la leche. Deja reposar 30 minutos.

2 Bate los huevos y la sal con la máquina de varillas a máxima velocidad durante 10 minutos. Incorpora el azúcar glas y la mantequilla y bate a velocidad mínima. Añade la mezcla del *hartshorn* y la leche, y el aroma de anís. Incorpora la harina y la maicena y mezcla hasta que la masa esté bien integrada.

3 Pon la masa entre dos plásticos transparentes. Aplánala un poco y deja enfriar en el frigorífico durante 30 o 45 minutos.

4 Enharina la encimera. Aplana la masa con un rodillo hasta conseguir un espesor de 1,5 cm aproximadamente.

5 Enharina ligeramente el molde, presiona con él sobre la masa de manera uniforme y con fuerza. Recorta la masa sobrante con un cortador de la misma medida que el molde de la galleta. Deja secar sobre una bandeja durante 24 horas.

6 Precalienta el horno a 130 °C, calor arriba y abajo.

7 Hornea durante 20 minutos. El tiempo es orientativo: depende sobre todo del tamaño de tus galletas.

CONSEJOS

• El *hartshorn* se encuentra en tiendas especializadas, lo mismo que el aroma de anís.

• Las galletas ya horneadas duran hasta 6 meses guardadas en una caja metálica.

• Se hornean a temperatura baja para que no cojan color.

YOGUR CON GRANOLA
y fruta

PREPARACIÓN

La granola

1 Precalienta el horno a 140 °C, calor arriba y abajo.

2 Pon los copos de avena y las semillas en un cuenco y mézclalos.

3 Pon el agua con el aceite, la miel, la canela y la sal en un cazo y calienta hasta punto de hervor.

4 Cuando esté caliente añade la mezcla de copos y semillas que tenías en el cuenco. Deja un par de minutos a fuego bajo sin dejar de remover.

5 Extiende un papel de hornear sobre una bandeja de horno y vierte la mezcla sobre él. Hornea unos 30 o 35 minutos, removiendo la mezcla cada 10 minutos.

6 Saca del horno y retira la mezcla de la bandeja, para que no reciba el calor residual.

7 Una vez fría añade trocitos de turrón y mezcla. Guárdala en un bote cerrado después de cada uso.

MONTAJE

1 Reparte los yogures entre unos cuencos de ración.

2 Pela la naranja, quítale bien toda la parte blanca, para que no amargue, y pártela en dados pequeños.

3 Pon un poco de granola en cada cuenco y reparte los trocitos de naranja. ¡Me encanta el contraste de sabores del yogur, la fruta y la granola!

INGREDIENTES PARA 4 PERSONAS

Para la granola

125 g de copos de avena

50 g de una mezcla de semillas (por ejemplo amapola, sésamo, calabaza, girasol, lino)

25 g de agua

25 g de aceite de oliva virgen extra de una variedad suave como la hojiblanca o la arbequina

50 g de miel

una pizca de canela

una pizca de sal

70 g de trocitos de turrón que haya sobrado

Para terminar

1 naranja

4 yogures naturales

CONSEJO

En la granola puedes emplear también algún fruto seco que te haya quedado sin usar. En ese caso, pélalos, trocéalos y añádelos al cuenco con la avena y las semillas. También puedes jugar cambiando la naranja por otra fruta: queda espectacular con piña.

Por si sobra

LASAÑA
de merluza y gambas

INGREDIENTES PARA 4 PERSONAS

Para el relleno

300 g de gambas
400 g de merluza
agua
1 cebolla pequeña
2 cucharadas de aceite de oliva
   virgen extra
una pizca de sal
una pizca de pimienta molida
100 g de tomate frito casero
4 cucharadas de nata para
   cocinar

Para la bechamel

1 cucharada de aceite de oliva
   virgen extra
25 g de mantequilla
60 g de harina
400 g de leche entera
sal

Para montar la lasaña

láminas de lasaña
queso rallado para gratinar

Necesitas un molde tipo *cake*

PREPARACIÓN

El relleno

1 Pela las gambas, trocéalas y reserva.

2 Pon agua con una pizca de sal en un cazo al fuego. Echa la merluza y cuece durante 2 minutos. Desmenúzala, quita las espinas, si tiene, y reserva.

3 Pela la cebolla y pártela en dados muy pequeños. Pon el aceite de oliva en una sartén. Cuando esté caliente fríe la cebolla.

4 Añade las gambas y la merluza, y deja al fuego un par de minutos. Pon una pizca de pimienta y sal. Echa el tomate frito casero y remueve. Deja un minuto más. Incorpora la nata y remueve. Prueba y reserva.

La bechamel

1 Pon el aceite de oliva virgen extra y la mantequilla en un cazo. Cuando esté caliente, echa la harina y dale vueltas hasta que se tueste ligeramente.

2 Añade la leche templada y la sal y dale vueltas con unas varillas hasta que espese. Prueba y reserva.

MONTAJE

1 Pon el gratinador del horno.

2 Cuece las láminas de pasta según las instrucciones del fabricante. Deja secando encima de un paño de cocina limpio.

3 Pon sucesivas capas de lámina de lasaña, bechamel y el relleno, acabando con una capa de bechamel. Corona con queso rallado y gratina en el horno hasta que esté dorado.

CONSEJO

Si quieres un sabor más intenso a marisco, reserva las cabezas y las cáscaras de las gambas. Ponlas a cocer unos minutos en 125 g de agua. Cuela y saca su jugo con el mazo de un mortero. En el momento de hacer la bechamel sustituye 100 g de leche por 100 g de este concentrado de gambas.

ENSALADA
ligera

1 manzana reineta
unas gotas de limón
8 tomates cherry
1 pechuga de pavo relleno
   (ver página 96)
1 bolsa de brotes de lechuga
50 g de maíz dulce
sal

Para la salsa rosa

1 huevo
250 g de aceite de oliva virgen
   extra
sal
unas gotas de limón
2 cucharadas de kétchup
2 cucharadas de zumo de
   naranja
1 cucharada de brandi

1 Pela la manzana y échale unas gotas de limón para que no se oxide. Pártela en dados. Reserva.

2 Parte los tomates cherry. Reserva.

3 Trocea el pavo en dados. Reserva.

Para preparar la salsa rosa

1 Echa el huevo y un poco de aceite en el vaso de la batidora. Procura no romper la yema.

2 Empieza a batir con la batidora. Mantenla bien abajo al principio, para irla subiendo lentamente conforme vaya emulsionando. Baja y vuelve a subir, mientras añades poco a poco el aceite. Te tiene que quedar una salsa espesa.

3 Cuando esté hecha, añade la sal, las gotas de limón, y bate unos segundos más. Añade el kétchup, el zumo de naranja y el brandi, y mezcla.

1 Sirve la lechuga, con el pavo, el tomate, la manzana y el maíz.

2 Añade una pizca de sal y salsa rosa al gusto.

Una variante que puedes hacer es añadirle, además de los ingredientes propuestos, aceitunas negras, aguacate y huevo cocido; y sustituir la salsa rosa por una vinagreta hecha con aceite de oliva virgen extra, ½ yogur natural y unas gotas de limón.

GRATINADO
del día después

**INGREDIENTES PARA
4 PERSONAS**

3 patatas grandes
aceite de oliva virgen extra
350 g de cordero asado (ver
    página 104)
4 huevos
½ vaso de leche
½ vaso de nata
sal
pimienta
100 g de queso para gratinar
mantequilla para engrasar los
    moldes

Necesitas 4 moldes individuales
o uno redondo de 22 o 24 cm
de diámetro

PREPARACIÓN

1 Precalienta el horno a 180 °C, calor arriba y abajo. Engrasa los moldes.

2 Pela las patatas y córtalas en rodajas finas. Fríelas, sin que se lleguen a dorar, en una freidora o en una sartén con abundante aceite. Deja escurrir en papel de cocina.

3 Trocea el cordero asado. Rellena el molde alternando una capa de patatas, otra de cordero y una última de patatas.

4 Pon los huevos, la leche, la nata, un poco de sal y la pimienta en un cuenco. Bate bien. Vierte la mezcla en los moldes, moviéndolos suavemente para que penetre bien. Pon el queso para gratinar por encima.

5 Hornea a 180 °C durante unos 35 o 40 minutos, hasta que esté dorado y cuajado. No te pases de horno porque es mejor que quede jugoso.

CONSEJO

Puedes poner unas lonchas de queso tierno entre la capa de patatas y la de cordero; no le quita sabor a la carne, y le aporta más cremosidad.

PUDIN
de bollería

INGREDIENTES PARA
6 PERSONAS

300 g de restos de bollería
1 vaso de leche entera
3 huevos grandes
125 g de azúcar
la ralladura de 1 naranja
un chorrito de licor de naranja
500 g de leche entera

Para el caramelo

100 g de azúcar
1 cucharada de agua
1 cucharada de zumo de limón

Necesitas un molde rectangular
tipo *cake* de 30 x 10 cm

PREPARACIÓN

1 Precalienta el horno a 165 °C, calor arriba y abajo.

2 Trocea la bollería y ponla a remojo en el vaso de leche.

3 Pon los huevos y el azúcar en un cuenco. Bate durante 5 minutos con la máquina de varillas. Añade la ralladura de naranja y el licor. Mezcla. Incorpora la bollería y el resto de la leche y mezcla bien.

4 Para hacer el caramelo, calienta en un cazo el azúcar, el agua y el limón durante 2 minutos sin remover. Cuando tome un tono dorado, ponlo en la base del molde y repártelo moviendo el molde hasta cubrirlo por entero. Echa la mezcla en el molde.

5 Hornea dentro de otro recipiente al baño maría durante 50 minutos o hasta que metas una brocheta y lo veas cuajado.

6 Deja enfriar un mínimo de tres horas y desmolda.

CONSEJO

Puedes hacerlo con el pan duro sobrante de tu comida de fiesta. La única modificación es que le tienes que añadir a la receta un par de cucharadas soperas más de azúcar.

TRUCOS

APERITIVOS

Conviene preparar unos básicos, como jamón, unas buenas aceitunas o unas patatas chip —que puedes hacer tú mismo con ayuda de una mandolina— y que harán las delicias de tus invitados. Luego puedes añadir de cocina un aperitivo frío y uno caliente.

PLATO PRINCIPAL

En los primeros y segundos no debes repetir productos que hayas empleado en los aperitivos; es decir, no puedes poner un aperitivo con langostino y un primer plato que también lo lleve.

CENAS

No conviene poner platos con mucha salsa o difíciles de digerir: reserva estas opciones para las comidas.

SOBREMESA

Ten siempre preparados un buen café y diferentes infusiones para ofrecer a tus invitados después de la comida: son muy agradables en este momento en el que todo el mundo está de lo más relajado.

PAN

Si te gusta hacer pan en casa puedes tenerlo congelado. Con el horno precalentado a 220 °C solo tendrás que sacarlo del congelador, hornearlo hasta que se ponga crujiente, y de ahí a la mesa. ¡Tus invitados no olvidarán ese detalle!

BEBIDAS

A la hora de hacer la compra piensa que:

- Los refrescos, mejor envasados en cristal. Las latas son muy prácticas pero no hay color. Ten siempre alguno *light*, ya que se consumen bastante.

- Con una botella de vino puedes llenar unas 6 copas.

- Los "cerveceros" suelen tomar más de una cerveza: ten preparadas un mínimo de 2 botellas por persona, y bien frías.

- Además de las bebidas que elijas ten siempre botellas de agua mineral.

- Si piensas poner alguna copa por la noche invierte en tónicas y ginebra de buena marca para preparar unos gin tonics estupendos o, si lo prefieres, puedes hacer una noche temática de mojitos, ¡acertarás! Le gustan a casi todo el mundo. Piensa también en la opción de tener un cóctel sin alcohol como deferencia para los que no toman bebidas alcohólicas.

UTENSILIOS

Aunque no se trata de tener todos los artilugios en tu cocina para hacer de ella un laboratorio, sí que es importante, por muy sencilla que sea una receta, presentarla con mimo y gusto. Para ello ten siempre unos cuantos aros de emplatar de diferentes tamaños y formas que harán que hasta una simple ensalada tenga un aspecto impecable. Compra también unas mangas pasteleras desechables con las que se trabaja muy bien y unas boquillas básicas, redondas y estrelladas.

TIEMPOS

Todo lo que puedas preparar con antelación hazlo sin prisa:

- Puedes congelar masas caseras, croquetas, guisos de carne sin patatas, caldos y cremas, entre otras recetas.

- Debes tener cuidado con la conservación en el frigorífico de aquellas recetas que puedas hacer con antelación: es importante que estén bien envueltas con plástico transparente o en recipientes herméticos, para que nada coja olor.

- Reserva para última hora los fritos, el arroz, la plancha, los pescados asados, los gratinados y los salteados.

- Para ultimar: calentar salsas y aliñar ensaladas.

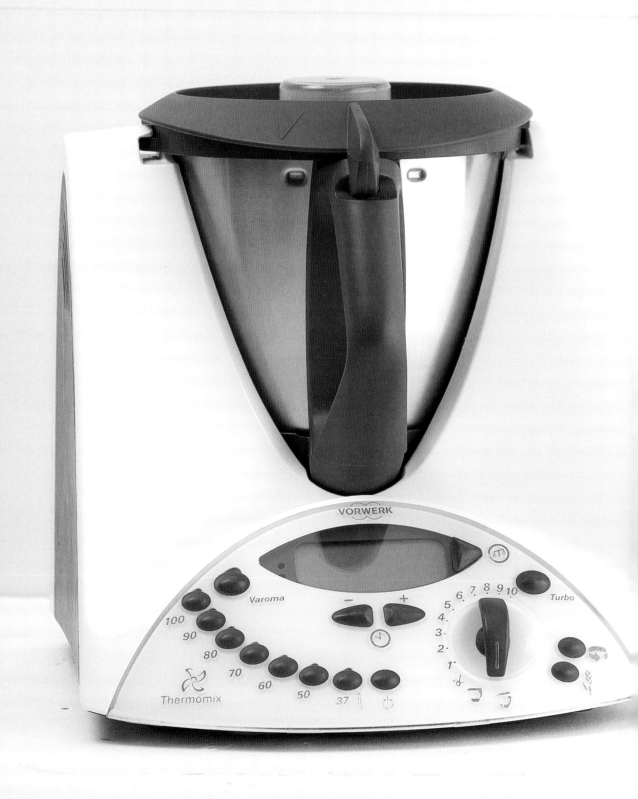

Versiones para Thermomix

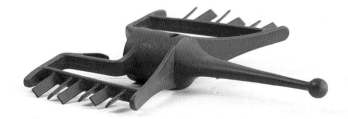

MASAS

Masa quebrada

1 Pon los ingredientes en el vaso y programa 15 segundos a velocidad 6.

2 Saca toda la masa y forma una bola ligeramente aplastada.

3 Envuélvela en plástico transparente y métela en el frigorífico como mínimo durante una hora.

2 Abre la tapa y añade la harina de golpe. Programa 30 segundos a velocidad 4, sin temperatura.

3 Quita el vaso de la máquina y déjalo enfriar unos minutos.

4 Programa la máquina a velocidad 4, sin tiempo, y ve añadiendo los huevos de uno en uno por el bocal, comprobando que cada uno se integra perfectamente antes de añadir el siguiente.

....

Hojaldre rápido

1 Pon todos los ingredientes en el vaso y programa 20 segundos a velocidad 6. Retira la masa del vaso. A partir de aquí sigue el mismo proceso explicado en la página 27.

Masa *choux*

1 Pon la leche, el agua, la mantequilla en trozos y la sal en el vaso. Programa 9 minutos a 100 °C y velocidad 4.

APERITIVOS

Paté de bonito

1 Deja las anchoas en un cuenco con agua muy fría durante unos minutos. Escúrrelas y extiéndelas sobre un papel de cocina para quitarles el agua sobrante.

2 Escurre el bonito en aceite poniéndolo en un colador un rato antes.

3 Pon el trozo de cebolla en el vaso.

4 Quítales la raspa central a las sardinillas y ponlas en el vaso.

5 Incorpora el bonito y las anchoas junto con el queso crema y el jerez al resto de los ingredientes. Programa 30 segundos a velocidad 5. Baja el paté de las paredes con la espátula y comprueba si tiene la textura adecuada. Si no, programa unos segundos más a velocidad 3.

6 Coge un aro de emplatar y úntalo por dentro con una pizca de aceite de oliva virgen extra. Apóyalo en la bandeja de presentación y rellena con el paté. Quita el aro de emplatar justo antes de servir. Puedes acompañarlo con unas tostadas para poderlo untar.

Croquetas de jamón ibérico

1 Pon el jamón en el vaso y programa a velocidad progresiva 5-7 durante unos segundos. Retira y reserva.

2 Trocea la cebolla a velocidad progresiva 5-7-9 durante unos segundos. Retira del vaso y reserva también. Limpia el vaso con un papel de cocina.

3 Pon la mantequilla y el aceite en el vaso. Programa 2 minutos a velocidad 2 y función Varoma.

4 Añade la cebolla y programa 2 minutos a 100 °C y velocidad 2.

5 Agrega la harina y programa 8 minutos a velocidad 2 y función Varoma.

6 Detén la máquina y baja la harina de las paredes con una espátula. Programa otros 2 minutos más a velocidad 2 y función Varoma.

7 Añade la leche, la mitad del jamón y una pizca de sal. Mezcla 6 segundos a velocidad 6. Programa 8 minutos a velocidad 4 y función Varoma.

8 Cuando falte 1 minuto para acabar, prueba y rectifica de sal si hace falta. Echa el resto del jamón y remueve con una espátula.

9 Echa la masa en un recipiente en el que no quede demasiado extendida y deja enfriar, mejor de un día para otro. Tápala con plástico transparente tocando la masa.

10 Coge porciones de la masa con una cuchara y dales forma con la ayuda de un poco de pan rallado. Cuan-

do ya las tengas formadas, pásalas por huevo bien batido y pan rallado de nuevo. Fríe en abundante aceite caliente, con cuidado de que se hagan por dentro sin quemarse por fuera. Déjalas escurrir en un colador y pásalas a un papel absorbente antes de servir.

Panecillos para minihamburguesas

1 Echa la leche, el agua, el huevo batido, el aceite y la cucharadita de sal en el vaso. Programa 2 minutos a 37 °C y velocidad 3.

2 Añade la harina, el azúcar y la levadura, y programa unos segundos a velocidad 3. Programa ahora 5 minutos a velocidad espiga.

3 Coloca la masa en un cuenco seco y cúbrela con un plástico transparente untado con aceite de oliva en contacto con ella. Deja levar durante una hora y media o hasta que doble el volumen.

4 Corta porciones de masa de 30 gramos. Da forma de bola a cada pieza. Pon un par de cucharadas de semillas en un tazón hondo. Pincela con agua la parte bonita de la bola y ponla en contacto con las semillas, que se quedarán adheridas. Deja levar hasta que doblen su volumen, durante una media hora.

5 Precalienta el horno a 220 °C y hornea los panecillos unos 15 minutos a 200 °C.

....

PRIMEROS

Crema de langostinos

1 Pela los langostinos y reserva las carcasas y las cabezas. Quítales el intestino con un palillo. Lávalos y ponlos a escurrir. Reserva 18 langostinos pelados.

2 Pon el aceite en el vaso y programa 2 minutos a 100 °C y velocidad 1.

3 Echa la zanahoria del *fumet*, el puerro y la cebolla. Programa 10 segundos a velocidad 5.

4 Baja las verduras de las paredes del vaso y programa 8 minutos a 100 °C y velocidad 2.

5 Pasado este tiempo incorpora las carcasas y las cabezas de los langostinos.

6 Añade el arroz y programa 1 minuto a 100 °C y velocidad 2.

7 Echa el pimentón y la harina y programa 1 minuto a la misma velocidad y temperatura.

8 Incorpora el tomate triturado y la cucharada de azúcar, y programa 5 minutos a 100 °C y velocidad 3.

9 Añade el brandi y programa 1 minuto a la misma velocidad y temperatura.

10 Incorpora el pescado reservado del *fumet*, los cuerpos de los langostinos, una pizca de sal y el *fumet*. Programa 15 minutos a 100 °C y velocidad 2.

Tritura a velocidad progresiva 5-7-9 durante unos segundos, sujetando bien la tapa.

11 Si quieres una textura aún más fina puedes pasarla por el chino.

12 Añade la nata y remueve.

13 Pasa los 18 langostinos por la plancha con una gota de aceite de oliva virgen extra. Corta 6 en trozos y repártelos en los boles. Sirve la crema. Haz unas brochetas con los otros 12 langostinos.

Crema de jamón ibérico

El caldo de pollo y jamón

1 Pon el agua en una cacerola. Pela la patata y la zanahoria y limpia la parte verde del puerro. Añade todo a la cacerola junto con el hueso de jamón, las carcasas de pollo y la sal. Ponlo a cocer.

2 Cuando empiece a hervir, quita la espuma y cuece durante 25 minutos. Pasado ese tiempo, cuélalo. Es importante retirar, una vez frío, toda la grasa que queda en la superficie.

La crema

1 Limpia las cebollas y trocéalas en cuatro. Haz lo mismo con la parte blanca del puerro. Échalo todo en el vaso. Añade el aceite de oliva virgen extra y programa 5 minutos a velocidad 1 y 100 °C.

2 Pela las patatas y trocéalas. Añádelas al vaso y programa 5 minutos a velocidad 1 y 100 °C.

3 Añade el jamón y programa 15 segundos a velocidad 1.

4 Agrega el vino blanco y programa 15 segundos a velocidad 1.

5 Vierte el caldo de pollo y jamón y programa 12 minutos a velocidad 1 y 100 °C.

6 Retira la mitad del caldo y programa 1 minuto a velocidad 3. Comprueba si tiene la textura que te gusta por si necesita algo más de caldo.

7 Toma un cortapastas y saca pequeñas formas de una rebanada de pan de molde. Pon aceite de oliva virgen extra en un cazo pequeño. Cuando esté caliente el aceite, retira el cazo del fuego, añade el pan y en 5 segundos lo tienes frito. Sácalo y déjalo escurrir en papel de cocina.

8 Sirve la crema y adorna con el pan frito y unos dados de jamón.

Crema de espárragos y de zanahoria

La de espárragos

1 Corta los espárragos verdes en trozos con la mano, desechando la parte dura y reservando alguna punta aparte.

2 Limpia el puerro, córtalo en seis trozos.

3 Pon una cucharada de aceite de oliva virgen extra en el vaso. Programa 3 minutos, función Varoma y velocidad 1.

4 Añade el puerro y los espárragos, echa un poco de sal, y programa 5 minutos a la misma temperatura y velocidad 2.

5 Incorpora el agua y programa 15 minutos, función Varoma y velocidad 1.

6 Retira la mitad del caldo del vaso. Es preferible añadirlo al final si hace falta.

7 Programa 1 minuto a velocidad progresiva 5-7-9. Comprueba que está bien triturado.

8 Añade la otra cucharada de aceite de oliva virgen extra en crudo y unas gotas de limón. Remueve con la espátula. Prueba y rectifica de sal y de espesor si hace falta.

La de zanahorias

1 Pela la cebolla, ponla en el vaso y programa unos segundos a velocidad 5 hasta que esté troceada. Reserva.

2 Pelas las patatas y las zanahorias. Pártelas en trozos grandes.

3 Pon una cucharada de aceite de oliva virgen extra en el vaso. Programa 3 minutos, función Varoma y velocidad 1.

4 Añade la cebolla y programa 5 minutos a la misma temperatura y velocidad 1.

5 Incorpora las zanahorias y las patatas, echa una pizca de sal y agua. Cierra el vaso y programa 20 minutos, función Varoma y velocidad 1.

6 Reserva un poco de caldo para conseguir el espesor deseado de la crema. Programa 1 minuto a

velocidad progresiva 5-7. Comprueba el espesor. Añade más caldo si hace falta.

7 Añade la nata y un chorro de aceite y programa durante 5 segundos a velocidad 3. Prueba por si hay que rectificar.

Huevos rellenos de aguacate

1 Cuece los huevos durante 10 minutos contando desde que el agua empiece a hervir. Refréscalos en agua fría. Corta los huevos por la mitad a lo largo. Saca las yemas y resérvalas aparte.

2 Escurre las anchoas y ponlas en el vaso de la Thermomix.

3 Abre los aguacates por la mitad con la ayuda de un cuchillo afilado. Toma el medio aguacate con hueso y clava el centro del filo del cuchillo con cuidado en el hueso, y gira el cuchillo con la mano. El hueso se quedará en el cuchillo. Córtalos en trozos pequeños y échalos al vaso, junto con las gotas de limón.

4 Añade también 3 yemas cocidas y la mayonesa. Programa 20 segundos a velocidad 3. Abre el vaso y baja el contenido de las paredes ayudándote de una espátula.

5 Pon la crema de aguacate dentro de una manga pastelera con boquilla rizada mediana. Rellena los huevos.

6 Ralla por encima una yema de huevo con ayuda del rallador. Sirve inmediatamente.

Raviolis de langostinos y rape

La masa de raviolis

1 Pon los ingredientes en el vaso y amasa 5 minutos a velocidad espiga. Une la masa con tus manos y haz una bola.

2 Envuélvela en plástico transparente y déjala reposar en el frigorífico hasta el día siguiente.

El relleno de los raviolis

1 Pon los filetes de rape crudo y 10 langostinos pelados crudos en un vaso y programa 30 segundos a velocidad 3.

2 Añade los huevos, la nata, la sal y la pizca de pimienta y programa 20 segundos a velocidad 3. Reserva en el frigorífico.

3 Limpia y seca el vaso. Pela la manzana, quítale el corazón, pártela en 4 trozos, ponla en el vaso y programa 10 segundos a velocidad 3.

4 Añade la mantequilla y programa 5 minutos a velocidad 1 y 100 °C. Reserva.

La salsa de champiñones

1 Pela las chalotas, échalas en el vaso y programa 5 segundos a velocidad 5. Limpia los champiñones, ponlos en el vaso y programa 5 segundos a velocidad 3.

2 Añade la sal, la pimienta y el aceite y programa 5 minutos a velocidad 1 y 100 °C.

3 Vierte el caldo y programa 15 minutos a velocidad 1 y 100 °C.

4 Agrega la nata y programa 30 segundos a velocidad 5.

5 Añade la media cucharadita de limón y programa 10 segundos a velocidad 3. Comprueba que la salsa esté a tu gusto.

Montaje

1 Parte los 5 langostinos que te quedan en tres o cuatro trozos.

2 Saca la masa del frigorífico. Alísala con ayuda de una máquina o rodillo. Corta dos planchas rectangulares.

3 Extiende montoncitos de la mezcla de rape y langostinos sobre una de las planchas, con la separación suficiente para cerrar los raviolis. Añade unos dados de manzana y un trozo de langostino. Pincela con agua los bordes de la plancha y las calles que quedan entre los montoncitos. Cubre con la otra plancha de masa. Cierra los raviolis presionando una plancha contra la otra. Recorta los raviolis con un cortapastas.

4 Pon a hervir abundante agua con un poco de sal. Echa los raviolis con cuidado y mantenlos durante 2 o 3 minutos. Retira del agua y escurre.

5 Pasa unas puntas de espárragos unos segundos por una sartén con una pizca de aceite. Sirve inmediatamente con la salsa caliente.

....

SEGUNDOS

Bacalao en salsa de pimientos

1 Descongela el bacalao, sécalo bien con papel de cocina y resérvalo.

2 Pela las alcachofas quitando las hojas exteriores. Mantén el tallo, pelado también. Córtales el extremo superior de las hojas y pártelas por la mitad.

3 Pon agua con una pizca de sal en una cazuela al fuego. En cuanto hierva el agua introduce las alcachofas y deja que cuezan hasta que estén a tu gusto —a mí me gusta dejarlas un poco al dente—. Sácalas y déjalas escurrir bien.

4 Pela la cebolla, trocéala en 4 trozos y échala en el vaso. Quita el rabo y las semillas a los pimientos, trocéalos en cuartos y añádelos. Programa 20 segundos a velocidad 5. Echa 2 cucharadas de aceite de oliva virgen extra en el vaso y programa 5 minutos a velocidad 1 y 100 °C. Programa 30 segundos a velocidad 5. Comprueba que tiene la textura que te gusta.

5 Mientras tanto pon dos sartenes antiadherentes al fuego. Una, con una pizca de aceite de oliva virgen extra, y a fuego alto al principio. Cuando esté caliente, pon el bacalao por la zona de la piel y deja que se haga unos 2 minutos. Baja el fuego, pon una tapa y con el propio vapor se terminará de hacer. El tiempo es aproximado y depende del grosor del bacalao, pero serán unos 6 minutos en total.

6 Pon una pizca de aceite de oliva virgen extra en la otra sartén. Echa las alcachofas y déjalas en el fuego unos 2 o 3 minutos.

7 Para emplatar extiende en la base del plato un par de cucharadas de salsa de pimientos, coloca encima el bacalao, y sirve las alcachofas de guarnición.

Rape al estilo Julieta

La salsa

1 Pon los frutos secos y la pimienta en el vaso y programa 15 segundos a velocidad 5-7.

2 Añade el agua, el brandi y el tomate frito y programa 10 minutos a velocidad 1 y 100 °C.

El rape

1 Mientras se termina de hacer la salsa, corta en trozos a tu gusto el rape. Ponle sal y reserva.

2 Vierte aceite de oliva virgen extra en un cazo no muy grande y ponlo al fuego.

3 Corta el rape en trozos y échale un poco de sal.

4 Bate un huevo.

5 Pasa el rape por harina y termina dando unas palmaditas a cada pieza para que suelte la harina sobrante. Pásalas por huevo y fríelas. Sácalas a un colador para que suelten la grasa restante.

Montaje

1 Monta el plato con una buena cucharada de salsa en su base y coloca encima el rape rebozado.

Pluma de cerdo ibérico con salsa de mandarinas

La salsa

1 Pela las mandarinas, procurando quitar bien toda la parte blanca de la piel para que no amargue. Separa los gajos, córtalos por la mitad y reserva.

2 Pela las chalotas, ponlas en el vaso y programa 10 segundos a velocidad 3.

3 Agrega el aceite de oliva virgen extra y programa 5 minutos a velocidad 1 y 100 °C.

4 Añade las mandarinas por el bocal y programa 3 minutos a velocidad 1 y 100 °C.

5 Incorpora la sal, la pimienta, el caldo y el jerez y programa 10 minutos a velocidad 1 y 100 °C.

6 Pasado este tiempo programa 40 segundos a velocidad 5-7. Si te gusta más espesa, programa 5 minutos a velocidad 1 y 100 °C.

La carne

1 Pon una cucharada de aceite de oliva virgen extra en una sartén antiadherente. Cuando esté muy caliente, pon la carne, baja a fuego medio y deja 3 minutos por cada lado —aunque esto dependerá del grosor de cada pieza—. Si es una carne ibérica de buena calidad quedará exquisita al punto. Añade en el último momento unas escamas de sal.

2 Mientras se termina de hacer la carne, pon una pizca de aceite de oliva virgen extra en otra sartén. Cuando esté caliente añade las espinacas y saltéalas. Estarán listas en unos 30 segundos.

3 Extiende las espinacas en la base de la bandeja de presentación.

4 Corta la carne en rodajas a tu gusto y colócala sobre las espinacas.

5 Pon unos brotes de rabanitos repartidos por la carne y sirve la salsa aparte, para que cada comensal se sirva a su gusto.

Tournedó con salsa al cava y verduras

El caldo de carne

1 Pela, corta y trocea las verduras.

2 Pon el aceite de oliva virgen en el vaso, añade los trozos de carne y las verduras y programa 5 minutos a velocidad 1 y 100 °C.

3 Añade los huesos, el agua, la sal y programa 30 minutos a velocidad 1 y 100 °C. Cuela y reserva.

La salsa

1 Pela la zanahoria, la cebolla y el puerro, ponlos en el vaso y programa 4 segundos a velocidad 4. Añade el aceite de oliva virgen extra y programa 8 minutos a velocidad 1 y 120 °C.

2 Añade por el bocal el caldo de carne, el cava, la miel y la pimienta y programa 10 minutos a velocidad 1 y 100 °C.

3 Pasado este tiempo, programa 30 segundos a velocidad 5-7.

4 Añade la mantequilla y programa 5 minutos a velocidad 2 y 90 °C.

La guarnición

1 Corta unos trocitos de zanahoria, tornéalos y cuécelos durante 10 minutos.

2 Pasa los champiñones por una sartén antiadherente a fuego medio con una pizca de aceite, están hechos enseguida. Reserva. Haz lo mismo con los tomates, la zanahoria, los espárragos y los guisantes.

3 Prepara unas hojas de canónigos. Corta unas rodajas de calabaza de 1 cm de grosor. Pélalas, pon aceite en una sartén antiadherente y, cuando esté caliente, pásalas por la sartén a fuego medio durante 5 minutos.

La carne

1 Pon una plancha al fuego. Cuando esté caliente, ponla a ¾ de la potencia, pon la carne y hazla 5 minutos por cada lado (según el gusto del comensal y el grosor de la carne). Dale un toque de sal.

Montaje

1 Pon la salsa de base, una rodaja de calabaza en el centro y el tournedó recién hecho. Coloca a tu gusto la guarnición.

POSTRES

Crumble de manzana

1 Precalienta el horno a 200 °C, calor arriba y abajo.

2 Pela las manzanas, quítales el corazón, córtalas en láminas un poco gruesas y repártelas en unos moldes individuales.

3 Prepara la masa poniendo la harina, la mantequilla en trocitos, el azúcar y el extracto de vainilla en el vaso y mezcla 30 segundos a velocidad 5. Deja reposar en frío 10 minutos. Espolvorea esta masa sobre las manzanas. A mí me gusta hacerlo como ves en la foto, cubriendo solo la mitad, para que se vea el relleno.

4 Baja el horno a 180 °C y mete los moldes de 25 a 30 minutos. El resultado tiene que mostrar una costra dorada.

5 Sácalos del horno.

6 Calienta la mermelada unos 10 segundos en el microondas. Pincela la zona de la manzana para darle un aspecto brillante. El crumble se sirve templado.

Vasitos de crema de licor y chocolate

La capa de chocolate

1 Pon el chocolate, la leche, la nata y el sobre de cuajada en el vaso. Programa 7 minutos a 90 °C y velocidad 5.

2 Apoya los vasitos en una superficie de manera que queden inclinados pero estables, por ejemplo, a mí me va muy bien meterlos en los huecos de unos moldes de magdalenas.

3 Reparte la mezcla muy cuidadosamente. Deja enfriar hasta que cuaje o mejor hasta el día siguiente, sin moverlos del sitio.

La capa de licor

1 Pasado ese tiempo prepara la capa de licor. Pon todos los ingredientes en el vaso. Programa 5 minutos a 90 °C y velocidad 5.

2 Pon los vasitos en su posición normal y sirve la crema de licor cuidadosamente. No los muevas hasta que no cuaje.

Bizcocho doble chocolate

1 Precalienta el horno a 170 °C, calor arriba y abajo.

2 Engrasa el molde.

3 Monta la mariposa. Casca los huevos y échalos en el vaso. Añade el azúcar. Programa 5 minutos a 37 °C y velocidad 3.

4 Quita la mariposa. Mete la mantequilla durante 15 segundos en el microondas a máxima potencia. Incorpórala al vaso y mezcla 5 segundos a velocidad 3.

5 Añade la harina, el cacao y la levadura y programa 10 segundos a velocidad 5.

6 Vierte la masa en el molde y hornea durante 25 minutos aproximadamente.

7 Deja enfriar dentro del molde.

La crema

1 Lava y seca bien el vaso. Trocea el chocolate y mételo en él. Programa 20 segundos a velocidad progresiva 5-7.

2 Baja el chocolate de las paredes, añade la nata y programa 4 minutos a 37 °C y velocidad 2.

3 Pon las yemas y el azúcar en un cuenco de cristal. Ponlo en el fuego a baño maría y remueve durante 10 minutos.

4 Programa la máquina sin tiempo a velocidad 2 y vierte la mezcla por el bocal en forma de hilo.

5 Comprueba que esté todo bien integrado y viérte inmediatamente por encima del bizcocho. Deja enfriar durante 2 horas.

6 Decora con unas frambuesas.

El mejor brownie del mundo

1 Precalienta el horno a 170 °C, calor arriba y abajo.

2 Forra el molde con papel de hornear y engrásalo.

3 Pon las avellanas en el vaso. Programa 10 segundos a velocidad progresiva 5-7. Reserva.

4 Separa las claras de las yemas. Reserva las claras.

5 Monta la mariposa. Echa las yemas, el azúcar moreno y la mitad del azúcar normal. Programa 5 minutos a velocidad 3.

6 Quita la mariposa. Funde la mantequilla y el chocolate 2 minutos en el microondas. Remueve con unas varillas y comprueba que el chocolate esté bien fundido. Añade esta mezcla al vaso y programa 1 minuto a velocidad 2.

7 Añade la harina y el cacao y programa 1 minuto a velocidad 3.

8 Añade las avellanas y remueve la masa con la espátula. Viértela en un cuenco. Lava y seca el vaso.

9 Monta la mariposa. Añade las claras y programa sin tiempo a velocidad 3½ hasta que estén montadas. A mitad del proceso incorpora la otra mitad de azúcar.

10 Añádelas al resto de la masa con movimientos envolventes.

11 Hornea 25 minutos a 170 °C y otros 10 minutos más bajando el horno a 160 °C.

12 Saca el molde del horno, desmolda cogiendo el papel de hornear y déjalo enfriar en una rejilla.

13 Una vez frío espolvorea azúcar glas con la ayuda de un colador.

....

DULCES DE NAVIDAD

Polvorones de avellana

La víspera

1 Precalienta el horno a 130 °C, calor arriba y abajo.

2 Pon la harina en una bandeja e introdúcela 30 minutos en el horno, moviéndola de vez en cuando con la espátula. Deja reposar hasta el día siguiente.

3 Pon también las avellanas en una bandeja en el horno, a la misma temperatura, hasta que estén tostadas, que es cuando la piel se desprende con facilidad. Ponlas en el vaso y tritúralas a velocidad progresiva 5-7-9 durante unos segundos. Reserva.

El día D

1 Pon la harina, el azúcar y la manteca semiderretida en el vaso. Programa 1 minuto a velocidad 3. Forma una bola un poco aplanada, envuélvela en plástico transparente y mete en el frigorífico durante una hora.

2 Saca la masa del frigorífico. Ponla entre dos láminas de plástico transparente y pasa un rodillo para igualar la superficie. Quita el plástico y deposítala en la encimera espolvoreada con un poco de harina. Ve haciendo los polvorones con el cortapastas que más te guste. Junta de nuevo la masa sobrante,

y vuelve a pasar el rodillo por la superficie para igualar.

3 Deja reposar una hora en un sitio fresco.

4 Precalienta el horno 180 °C, calor arriba y abajo.

5 Hornea a altura media, durante 20 minutos, dándole un toque de *grill* un par de minutos antes de finalizar el horneado.

6 Sácalos del horno. Cuando estén fríos, espolvoréalos con abundante azúcar glas con la ayuda de un colador.

Coquitos

1 Pon todos los ingredientes de la crema pastelera en el vaso y programa 5 minutos a 100 °C y velocidad 4. Deja templar.

2 Precalienta el horno a 180 °C, calor arriba y abajo.

3 Incorpora el resto de los ingredientes y programa 10 segundos a velocidad 4.

4 Pon la crema en la manga pastelera y deposita los coquitos de unos 3 cm de alto sobre una bandeja con papel de hornear.

5 Hornea durante 15 minutos, hasta que queden dorados por fuera y tiernos por dentro.

Trufas de chocolate

1 Pon la nata líquida en el vaso. Programa 4 minutos a 90 °C y velocidad 2.

2 Detén la máquina y añade el chocolate troceado. Programa a velocidad 6 hasta que esté bien triturado.

3 Añade el brandi y programa 10 segundos a velocidad 6.

4 Pon la pasta de chocolate en un cuenco, tápalo con plástico transparente pegado a la pasta y deja reposar de un día para otro.

5 Haz bolitas de unos 25 g cada una.

6 Rebózalas con los fideos de chocolate.

7 Mantenlas muy frías hasta el momento de consumir.

Marquesas

1 Precalienta el horno a 180 °C, calor arriba y abajo.

2 Pon la cáscara del limón y el azúcar glas en el vaso y programa 15 segundos a velocidad 3.

3 Añade los huevos, el azúcar normal y la almendra. Programa 10 segundos a velocidad 3.

4 Echa la harina, la maicena y la levadura y programa 20 segundos a velocidad 3.

5 Reparte la masa en las cápsulas.

6 Hornea a 180 °C durante 20 minutos, o hasta que se doren muy suavemente.

7 Deja enfriar. Espolvorea con azúcar glas.

Rolletes de anís

1 Precalienta el horno a 180 °C, calor arriba y abajo.

2 Lava y seca el limón. Pela la parte amarilla de la piel del limón, llevándote la menor cantidad posible de la parte blanca.

3 Pon el aceite en el vaso. Añade la piel del limón y programa 8 minutos con la función Varoma. Retira la piel del limón.

4 Añade la harina en el vaso sobre el aceite caliente, incorpora el anís y programa 2 minutos a velocidad 3. Pon toda la masa en la encimera compactándola en una bola.

5 Corta piezas de 40 gramos cada una. Haz una bola con cada una de ellas.

6 Estira cada una haciendo un cordón y ciérrala sobre sí misma formando una rosquilla. Presiona un poco en el punto de cierre. Pon los rolletes en una bandeja de horno.

7 Hornea a 180 °C durante 35 minutos aproximadamente.

8 Pon el azúcar en un tazón y ve rebozando los rolletes uno por uno, recién salidos del horno, en cuanto los puedas manipular sin quemarte.

Crujientes de chocolate con leche

1 Trocea la fruta desecada en pequeños dados. Mézclala con las almendras, el arroz inflado y los cacahuetes.

2 Seca bien el vaso. Trocea el chocolate, ponlo en el vaso y tritura unos segundos a velocidad 7. Programa 4 minutos a 37 °C y velocidad 3.

3 Una vez fundido deja enfriar hasta que esté a 35 °C. Si tienes un termómetro para alimentos es muy sencillo; si no, coge una pizca con el dedo y no debes notar que está caliente.

4 Echa el resto de ingredientes dentro del chocolate y mezcla enérgicamente.

5 Extiende un papel de hornear sobre la encimera. Ve formando las piezas metiendo porciones de la mezcla de chocolate en el aro de emplatar.

6 Ralla la piel de la lima sin llegar a la parte blanca. Espolvorea los crujientes con la ralladura.

7 Deja que solidifiquen a temperatura ambiente.

8 Retira del papel de hornear y guarda en una bombonera.

Besos de novia

1 Precalienta el horno a 180 °C, calor arriba y abajo.

2 Monta la mariposa. Echa las yemas y el azúcar en el vaso y programa 5 minutos a velocidad 3.

3 Quita la mariposa. Añade la almendra molida y programa 10 segundos a velocidad 3.

4 Forma unas bolitas con las manos y ponlas en los moldes.

5 Hornea a 180 °C durante 20 o 25 minutos hasta que estén doradas.

Mantecados

1 Pon la mariposa, echa la manteca y programa 5 minutos a velocidad 3.

2 Quita la mariposa, añade el resto de los ingredientes en el vaso y programa 20 segundos a velocidad 3. Retira la masa del vaso y forma una bola un poco aplanada. Envuelve en plástico transparente y deja reposar en un sitio fresco durante la noche.

3 Pon un poco de harina en la encimera. Extiende la bola de masa con la ayuda de un rodillo. Dobla un tercio hacia el centro, luego el otro. Gíralo 90° en el sentido de las agujas del reloj. Ya tienes la primera vuelta.

4 Repite el proceso extendiendo otra vez la masa hasta formar un rectángulo y haciendo los dobleces de nuevo. Es la segunda vuelta.

5 Envuélvela en plástico transparente y métela en el frigorífico durante media hora.

6 Repite una vez más el proceso, para completar la tercera y cuarta vueltas. Enfría de nuevo de veinte minutos a media hora.

7 Precalienta el horno a 200 °C, calor arriba y abajo.

8 Repite el proceso una última vez para conseguir la quinta y sexta vueltas. Solo queda meterla de nuevo en el frigorífico 1 hora para que esté lista para usar.

9 Corta la masa con los cortapastas y hornea 10 minutos a 200 °C. Baja el horno a 180 °C y termina de hornear otros 10 minutos, o hasta que los veas un poco dorados.

10 Sácalos y rebózalos en caliente, en cuanto puedas manipularlos, con azúcar. Déjalos enfriar en rejilla.

Turrón de chocolate

1 Trocea los chocolates, échalos en el vaso, y programa 5 minutos a 37 °C y velocidad 1.

2 Remueve con una espátula y programa a la misma velocidad y temperatura otros 8 minutos o hasta que la mezcla esté derretida.

3 Añade la manteca y programa 1 minuto a 37 °C y velocidad 1.

4 Detén la máquina. Añade los cereales de arroz crujiente chocolateado y remueve con la espátula.

5 Deposita esta pasta en un molde de silicona. Enrasa con la espátula. Levanta un poco el molde y dale unos golpecitos contra la encimera para que salga el aire que haya quedado atrapado. Deja reposar de un día para otro.

....

DESAYUNOS Y MERIENDAS

Quiche Lorraine

1 Precalienta el horno a 180 °C, calor arriba y abajo.

2 Extiende la plancha sobre la encimera y pínchala repetidamente con un tenedor.

3 Engrasa el molde con mantequilla y coloca la plancha de masa quebrada sobre él, apoyándola por el lado que has pinchado. Retira la masa sobrante, pasando un rodillo por los bordes. Mete en el frigorífico durante 15 minutos.

4 Pasado este tiempo, pon un papel de hornear encima de la masa, echa bolitas de cerámica —o legumbres que tengas para este fin—, repártelas bien y hornea durante unos 10 minutos.

5 Saca del horno, quita las bolitas y vuelve a meter en el horno otros 5 minutos.

6 Mientras haces este horneado, trocea el beicon en dados pequeños. Escáldalo en agua hirviendo unos segundos y sécalo con papel de cocina. Pásalo por una sartén pequeña a fuego lento durante 5 minutos. Ponlo a escurrir en papel absorbente.

7 Ralla el queso y repártelo por la masa junto con el beicon. Pon la nata, los huevos, las yemas, una pizca de sal y la pimienta en el vaso y programa 15 segundos a velocidad 3. Vierte por encima del queso y del beicon.

8 Hornea a 180 °C durante 15 minutos. Pon un papel de hornear por encima de la quiche, baja la temperatura del horno a 150 °C y prolonga el horneado hasta que veas que la masa ha cuajado, aproximadamente otros 15 minutos más, y siempre vigilando que no se te queme la masa quebrada. Al final del horneado, comprueba que la quiche esté lista metiendo un palillo. Sirve caliente o templada.

Bizcocho de turrón

1 Precalienta el horno a 170 °C, calor arriba y abajo. Engrasa el molde con mantequilla derretida.

2 Separa las claras de las yemas. Monta la mariposa en el vaso. Añade las claras y una pizca de sal y programa a velocidad 3½ hasta que estén montadas. Saca las claras montadas a un cuenco con la ayuda de una espátula.

3 No hace falta lavar el vaso; tampoco quites la mariposa. Echa las yemas y el azúcar, y programa 5 minutos a velocidad 3.

4 Quita la mariposa. Añade la nata sin montar y vuelve a programar 10 segundos a velocidad 3. Incorpora el turrón desmigado y programa otra vez 10 segundos a velocidad 3.

5 Pon la harina y la levadura en el vaso. Ciérralo y programa 10 segundos a velocidad 3. Termina de mezclar con la espátula y saca a otro cuenco

para poder hacer bien el último proceso, ya que si lo haces en el vaso las cuchillas entorpecen un poco.

6 Incorpora las claras en dos veces a la masa principal, removiendo con una espátula cada vez con movimientos envolventes, con cuidado pero con cierta firmeza porque la mezcla es espesa.

7 Vierte la masa en el molde. Dale un par de golpecitos al molde contra la encimera.

8 Mete en el horno sobre una rejilla a altura media. Hornea durante unos 45 minutos aproximadamente. Los primeros 35 minutos a 170 °C y los últimos 10 minutos a 160 °C.

9 Saca del horno. Una vez pasados 10 minutos fuera del horno, desmolda.

Brioche de Nutella®

1 Pon todos los ingredientes en el vaso. Mezcla 10 segundos a velocidad 3.

2 Programa 5 minutos a velocidad espiga.

3 Forma una bola y déjala reposar en un cuenco tapada con un plástico transparente hasta que doble su volumen.

4 Corta la masa en 4 partes iguales y haz 4 bolas. Pon un poco de harina sobre la encimera y extiende cada bola con un rodillo. Te saldrán 4 discos de

unos 25 cm de diámetro y 2 mm de espesor aproximadamente.

5 Calienta la Nutella® unos segundos en el microondas para que esté más fluida. Pon un disco sobre la encimera. Extiende la Nutella® sobre él hasta 1 cm del borde y cubre con otro disco. Repite el paso anterior dos veces para cerrar con el cuarto disco. Presiona un poco en el borde para sellar los cuatro discos.

6 Coloca el *brioche* sobre un papel de hornear y mete en el congelador durante 10 minutos. Pasado este tiempo, sácalo. Marca el centro con un vaso pequeño, sin llegar a cortar la masa.

7 Realiza 16 cortes a intervalos regulares con un cuchillo afilado partiendo de la marca del vaso hasta el borde, según el esquema de la página 162. Te quedará mejor si empiezas con 2 cortes enfrentados, los 2 siguientes en cruz, los 4 siguientes dividiendo por la mitad las 4 porciones, para terminar dividiendo a su vez por la mitad las 8 porciones con los últimos 8 cortes.

8 Toma entre tus manos los extremos de dos porciones adyacentes y retuércelos en sentido contrario 2 veces hasta dar 1 vuelta completa. Sella los dos bordes entre sí presionando con los dedos. Repite el procedimiento con los otros 7 pares de porciones. Deja levar durante 30 minutos.

9 Precalienta el horno a 180 °C, calor arriba y abajo, antes de que acabe el levado. Pincela con yema de huevo la superficie. Hornea durante 25 minutos aproximadamente.

Galletas de invierno

1 Pon la mantequilla y el azúcar en el vaso y mezcla 10 segundos a velocidad 4.

2 Echa el huevo por el bocal y mezcla 5 segundos más a velocidad 4.

3 Añade la harina y programa 10 segundos a velocidad 4.

4 Añade el turrón troceado y vuelve a mezclar 10 segundos a velocidad 3.

5 Envuelve la masa en plástico transparente y déjala reposar media hora en el frigorífico. Precalienta el horno a 200 °C, calor arriba y abajo.

6 Coge porciones de masa y forma con tus manos unas bolas de unos 40 gramos.

7 Echa un poco de harina en la encimera y coloca la bola de masa sobre ella. Pon el sello encima, también enharinado, y aprieta a fondo de manera uniforme. Retira el sello y corta el resto de masa que sobresale por los bordes con un cortapastas redondo o un vaso del diámetro del sello. Coloca las galletas sobre un papel de hornear extendido en una bandeja de horno. Deja enfriar en el frigorífico unos 15 minutos.

8 Baja el horno a 180 °C y hornea durante 15 minutos aproximadamente. Saca a una rejilla y deja enfriar.

Bizcocho de manzanas y pasas

1 Pon a macerar las pasas en el brandi unas dos horas antes de hacer el bizcocho.

2 Precalienta el horno a 160 °C, calor arriba y abajo. Engrasa el molde.

3 Pela las manzanas, quítales las semillas y ponlas en el vaso. Programa 8 segundos a velocidad 5. Reserva.

4 Seca el vaso con un papel de cocina. Monta la mariposa. Echa la mantequilla y el azúcar y programa 5 minutos a velocidad 3.

5 Añade los huevos y vuelve a batir otros 5 minutos a la misma velocidad.

6 Saca las pasas del brandi, sécalas con papel de cocina, y enharínalas. Reserva.

7 Incorpora las manzanas, el brandi, la canela, la almendra molida, la harina de repostería tamizada y la levadura a la masa. Mezcla con una espátula hasta que esté todo bien integrado. Por último añade las pasas y remueve, para que queden bien repartidas.

8 Echa la masa en el molde. Hornea a 160 °C durante 1 hora aproximadamente.

9 Saca el bizcocho del horno, déjalo sobre una rejilla 10 minutos y, pasado ese tiempo, desmolda. Cuando esté frío espolvorea azúcar glas con la ayuda de un colador.

Kringle Estonia

1 Pon la leche, la miel, la levadura, la mantequilla y la yema de huevo en el vaso y programa 4 minutos a 37 °C y velocidad 2.

2 Agrega la harina y la pizca de sal. Programa 2 minutos a velocidad espiga con el vaso cerrado. Deja levar dentro del vaso durante 2 horas.

3 Pasado ese tiempo deposita la masa en la encimera, estírala con ayuda de un rodillo y forma un rectángulo de aproximadamente 55 x 40 cm. Si ves que no estira bien, ten paciencia: deja reposar la masa unos 5 minutos y sigue estirándola.

4 Pon en un cuenco los ingredientes del relleno y bate con unas varillas durante 1 minuto.

5 Extiende esta crema por toda la superficie de la masa. Enrolla la masa por el lado más largo. Corta este rollo por la mitad en sentido longitudinal con un cuchillo afilado, pero sin llegar al final. Trenza con el corte hacia arriba y ciérrala a modo de corona, introduciendo el final por el primer ojo de la trenza.

6 Mezcla los ingredientes de la cobertura. Reparte por encima de la trenza.

7 Precalienta el horno a 200 °C. Hornea durante 15 minutos a esta temperatura. Baja el horno a 180 °C y termina de hornear otros 10 minutos o hasta que veas que está dorada.

Roscón de Reyes

1 Comprueba que el vaso y las cuchillas están bien secos. Echa el azúcar y pulverízalo 30 segundos a velocidad progresiva 5-7-10.

2 Añade las pieles de limón y naranja a través del bocal y programa 15 segundos a velocidad progresiva 5-7-10. Retira y reserva.

3 Pon todos los ingredientes de la masa de arranque dentro del vaso y programa 15 segundos a velocidad 4. Retira del vaso. Introduce en un cuenco y cubre con agua templada. Cuando la bola de masa doble su volumen y flote, estará lista.

4 Pon en el vaso el azúcar glas aromatizado que tienes reservado, los ingredientes de la masa y la masa de arranque. Programa 30 segundos a velocidad 6.

5 Amasa 3 minutos a velocidad espiga. Deja reposar dentro del vaso, envolviendo este en una toalla, hasta que la masa salga por el bocal. Baja la masa con la espátula y vuelve a amasar dentro del vaso 1 minuto a velocidad espiga.

6 Retira la masa del vaso con las manos embadurnadas de aceite y ponla sobre una superficie aceitada. Divídela en dos. Haz dos bolas. Deja reposar 5 minutos.

7 Hinca los dedos en el centro de cada bola y agranda el agujero hasta formar el roscón. Si la masa se encoge déjala reposar 10 minutos. Coloca sobre una bandeja de horno con papel de hornear. Deja reposar hasta que doblen su volumen.

8 Precalienta el horno a 200 °C, calor arriba y abajo. Pincela con huevo batido, muy suavemente, y adorna con frutas confitadas y azúcar humedecido con unas gotas de agua.

9 Hornea entre 15 y 18 minutos. Baja el horno a 180 °C los últimos 10 minutos. Si ves que se tuesta demasiado, pon un papel de aluminio por encima. Saca y deja reposar sobre una rejilla.

Galletas Springerle

1 Mezcla el *hartshorn* con la leche. Deja reposar 30 minutos.

2 Monta la mariposa. Echa los huevos y la sal en el vaso y programa 8 minutos a velocidad 3. Quita la mariposa.

3 Incorpora el azúcar glas y la mantequilla y programa 3 minutos a velocidad 2. Añade la mezcla del *hartshorn* y la leche, y el aroma de anís. Incorpora la harina y la maicena y programa 30 segundos a velocidad 3.

4 Pon la masa entre dos plásticos transparentes. Aplánala un poco y deja enfriar en el frigorífico durante 30 o 45 minutos.

5 Enharina la encimera. Aplana la masa con un rodillo hasta conseguir un espesor de 1,5 cm, aproximadamente.

6 Enharina ligeramente el molde, presiona con él sobre la masa de manera uniforme y con fuerza. Recorta la masa sobrante con un cortador de la misma medida que el molde de la galleta. Deja secar sobre una bandeja durante 24 horas.

7 Precalienta el horno a 130 °C, calor arriba y abajo. Hornea durante 20 minutos. El tiempo es orientativo: depende sobre todo del tamaño de tus galletas.

Yogur con granola y fruta

La granola

1 Precalienta el horno a 140 °C, calor arriba y abajo.

2 Pon los copos de avena y las semillas en un cuenco y mézclalos.

3 Pon el agua junto con el aceite, la miel, la canela y la sal en el vaso y programa 5 minutos a 100 °C y velocidad 1.

4 Añade la mezcla de copos y semillas y programa 2 minutos a 90 °C y velocidad 1.

5 Extiende un papel de hornear sobre una bandeja de horno y vierte la mezcla sobre él. Hornea unos 30 o 35 minutos, removiendo la mezcla cada 10 minutos.

6 Saca del horno y retira la mezcla de la bandeja, para que no reciba el calor residual.

7 Una vez fría añade trocitos de turrón y mezcla. Guárdala en un bote cerrado después de cada uso.

Montaje

1 Reparte los yogures entre unos cuencos de ración.

2 Pela la naranja, quítale bien toda la parte blanca, para que no amargue, y pártela en dados pequeños.

3 Pon un poco de granola en cada cuenco y reparte los trocitos de naranja. ¡Me encanta el contraste de sabores del yogur, la fruta y la granola!

POR SI SOBRA

Lasaña de merluza y gambas

El relleno

1 Pela las gambas, trocéalas y reserva.

2 Pon agua con una pizca de sal en un cazo al fuego. Echa la merluza y cuece durante 2 minutos.

3 Desmenúzala, quita las espinas, si tiene, y reserva.

4 Pela la cebolla, ponla en el vaso y programa 5 segundos a velocidad 3. Bájala de las paredes con una espátula.

5 Echa el aceite y programa 2 minutos, función Varoma y velocidad 1.

6 Añade las gambas y la merluza, y programa 2 minutos a la misma temperatura y velocidad.

7 Pon una pizca de pimienta y sal. Echa el tomate frito casero y programa 1 minuto a velocidad 2. Termina de integrar todo bien con la espátula.

8 Incorpora la nata y remueve con la espátula de nuevo. Prueba y reserva.

La bechamel

1 Pon el aceite de oliva virgen extra y la mantequilla en el vaso bien seco. Programa 2 minutos, función Varoma y velocidad 1.

2 Echa la harina y programa 5 minutos, función Varoma y velocidad 2. Remueve el fondo con la espátula.

3 Añade la leche y la sal. Programa 10 segundos a velocidad 3. Programa 7 minutos, función Varoma y velocidad 4. Prueba y reserva.

Montaje

1 Pon el gratinador del horno.

2 Cuece las láminas de pasta según las instrucciones del fabricante. Deja secando encima de un paño de cocina limpio.

3 Pon sucesivas capas de lámina de lasaña, bechamel y el relleno, acabando con una capa de bechamel.

4 Corona con queso rallado y gratina en el horno hasta que esté dorado.

Pudin de bollería

1 Precalienta el horno a 165 °C, calor arriba y abajo.

2 Trocea la bollería y ponla a remojo en el vaso de leche.

3 Monta la mariposa. Echa los huevos y el azúcar y programa 5 minutos a velocidad 3.

4 Añade la ralladura de naranja y el licor. Mezcla 5 segundos a velocidad 3.

5 Incorpora la bollería y el resto de la leche y programa 10 segundos a velocidad 3.

6 Para hacer el caramelo, calienta en un cazo el azúcar, el agua y el limón durante 2 minutos sin remover. Cuando tome un tono dorado, ponlo en la base del molde y repártelo moviendo el molde hasta cubrirlo por entero.

7 Echa la mezcla en el molde.

8 Hornea dentro de otro recipiente al baño maría durante 50 minutos o hasta que metas una brocheta y lo veas cuajado.

9 Deja enfriar un mínimo de tres horas y desmolda.

....

ÍNDICE DE RECETAS

ÍNDICE DE INGREDIENTES

INSPIRACIONES

No solo los nombres que aquí aparecen son mis inspiraciones. Muchos libros de cocina y mis blogs favoritos son fuente constante de inspiración. ¡Gracias a todos!

Masa rápida de hojaldre: Delphine de Montalier y *Repostería con Thermomix*
Masa *choux:* Alain Ducasse
Galletas de aceitunas negras y queso: Escuela de Cocina Telva
Sopa de cebolla al cava: Escuela de Cocina Telva
Ensalada Pía: Taty Cámara
Coquitos: *Recetario Thermomix*
Trufas de chocolate: *Recetario Thermomix*
Marquesas: lolacocina.com
Crujientes de chocolate con leche: Alain Ducasse
Besos de novia: Juan y Juana, de la panadería La Peseta, en Simat de la Valldigna, Valencia
Quiche Lorraine: Delphine de Montalier
Brioche de Nutella®: steves-kitchen.com
Kringle Estonia: velocidadcuchara.com
Roscón de Reyes: *Recetario Thermomix*
Galletas Springerle: cukiartvalencia.com
Pudin de bollería: *Lecturas*

AGRADECIMIENTOS

Como siempre, a mi madre, admirable e incansable. Se ha multiplicado una vez más para hacernos todo más fácil y hemos disfrutado mucho juntas mano a mano en la cocina.

A nuestras hijas, Sara y Beatriz, que son las más felices del mundo cuando hacemos reunión de familia en casa.

A mi sobrino Nachete, que es un fenómeno de las reuniones, en las que siempre es el primero en levantar su copa de agua y brindar por Webos Fritos.

A nuestros lectores, por el apoyo a nuestro trabajo año tras año. ¡De nuevo, gracias, y siempre, gracias!

A Teresa Petit y su equipo, por valorar, respetar y ayudarnos a mejorar nuestra forma de hacer las cosas.

A mi marido y fotógrafo, una vez más, por tanto, por todo.

OTROS AGRADECIMIENTOS

A nuestros colaboradores y amigos desde hace un montón de años, que preparan con todo el cariño del mundo sus productos para que podamos cocinar lo mejor de lo mejor: angelachu.es, lovelahuerta.com, frescoydelmar.com, joselito.com, elamasadero.com y iloveaceite.com.

Y a cucute.com, marialunarillos.com y lecuine.com, por facilitarnos los mejores utensilios para nuestra cocina.